AF451897

COURS

DE CODE NAPOLÉON

(Troisième Année).

30175

FACULTÉ DE DROIT DE TOULOUSE

—

COURS

DE

CODE NAPOLÉON

PROFESSÉ

PAR M. GUSTAVE BRESSOLLES.

—

SOMMAIRE DU COURS DE TROISIÈME ANNÉE.

—

Chez le Concierge de la Faculté de Droit.

—

NOVEMBRE 1864.

SOMMAIRE

ET

DIVISIONS PRINCIPALES

DU COURS DE CODE NAPOLÉON

(3e Année).

—

LIVRE III.

(Suite).

TITRE V.

DU CONTRAT DE MARIAGE ET DES DROITS RESPECTIFS DES ÉPOUX.

NOTIONS PRÉLIMINAIRES.

I. Nécessité du règlement de l'association conjugale quant aux biens : 1387.

II. Conventions des parties, *utiles* et *non indispensables*, à ce sujet : *Contrat de mariage.*

III. En l'absence de conventions, la loi y pourvoit : 1393. — Coup d'œil historique.

IV. Si un *contrat de mariage* est passé, liberté des parties pour les stipulations qu'elles veulent y insérer : — la loi a cependant organisé divers *régimes* qu'elles peuvent adopter *par ensemble* : 1387, 1391, 1497, etc. — Condition suspensive inhérente à tout contrat de mariage : arg. 1088, 201 et 202.

V. Règles générales sur les *constitutions de dot* (*Sen. lat.*) 1438, 1439 et 1540); — nature de cette convention ; conséquences en résultant entre le constituant, les époux et les tiers (1540, 1547, 1548, 1167), selon que la constitution émane de la femme elle-même ou d'une autre personne. — Renvoi de diverses règles d'interprétation de certaines clauses de *constitution dotale* : 1545, 1438 § 1, 1544 § 1, etc.

V. Division du titre.

PREMIÈRE PARTIE.

DISPOSITIONS GÉNÉRALES SUR LE CONTRAT DE MARIAGE.

Division de cette partie en trois chapitres.

CHAPITRE PREMIER.

Règles de capacité pour le contrat de mariage.

I. Relation entre la *capacité de se marier* et celle de *consentir à un contrat de mariage :* — sens de la règle *habilis ad nuptias, habilis ad pacta nuptialia.*

1° Cas d'un mineur : 1398 comp. à 1124 et à 450. — Diverses précisions à faire.

2° Cas d'un aliéné interdit qui se marie dans un intervalle lucide : 502, 511, comp. à 450 ; — *quid* d'un aliéné non interdit? 1125, 1108 et 901, add. l. 30 juin 1858, art. 39.

3° Cas d'un interdit légalement? 1124 cod. civ. et 29 pén.

4° Cas d'un faible d'esprit ou d'un prodigue : 499 et 513.

II. Sanction des règles précédentes.

CHAPITRE II.

Quand et dans quelles formes le contrat de mariage doit être passé.

I. Quand? 1394.

II. Formes du contrat de mariage : 1394, arg. 1397, L. 25 vent. an XI. — *Quid* du contrat de mariage sous seing privé déposé aux minutes d'un notaire? — *Quid* de la non présence de l'un des futurs époux lors du contrat de mariage, sans y être représenté par un mandataire? — Des frais du contrat de mariage.

III. Publicité des contrats de mariage, quelle que soit la profession des époux. — Loi du 10 juillet 1850, formant les art. 75 § 2, 76 § 10, 1394 § fin., 1391 § fin. et 1394 § 2.

IV. Publicité spéciale aux contrats de mariage des commerçants : 67 et suiv. Com.

CHAPITRE III.

Règles générales sur les conventions pouvant intervenir en contrat de mariage.

Rappel des art. 947, 1081 et suiv., 1091 et suiv., 1398, etc.

SECTION Ire. — CAS OU LES PARTIES NE SE SONT PAS EXPLIQUÉES SUR LE CHOIX DU RÉGIME MATRIMONIAL.

Voy. 1400 et 1393.

SECTION II. — CHOIX EXPRÈS D'UN RÉGIME.

I. Latitude des époux à cet égard.

II. Indication des *quatre régimes* d'ensemble organisés par la loi : 1399 et suiv. ; — 1540 et suiv. ; — 1530 et suiv. — 1536 et suiv. — Leurs caractères principaux.

§ 1. — *Choix d'un régime d'ensemble sans modifications.*

I. Voy. 1391 et 1392.

II. Où se trouvent, selon les cas, les règles à suivre et les éléments destinés à combler les lacunes que le Code peut présenter, même dans le règlement des régimes qu'il a organisés.

§ 2. — *Conventions spéciales des époux en dehors des régimes d'ensemble organisés par la loi.*

I. Principales modifications prévues par le Code lui-même. Voy. 1497, 1581.

II. Liberté des époux en dehors de ces modifications elles-mêmes (1387 et 1497), sauf les restrictions légales (1387 *in fine* et 1388 à 1390).

SECTION III. — LE CONTRAT DE MARIAGE, UNE FOIS PASSÉ, EST-IL IMMUABLE ?

Réponse générale : 1395, 1396 et 1397.

I. Changements au contrat avant la célébration du mariage.

1° Changement *total* du contrat.

2⁰ Changements *partiels* ou *contre-lettres*.

Divers intérêts à sauvegarder : — précautions exigées par les art. 1596 et 1597.

II. Immutabilité du contrat après la célébration : 1395.

DEUXIÈME PARTIE.

DU RÉGIME DE LA COMMUNAUTÉ LÉGALE.

Dans quels cas doivent être appliquées les règles portées par les art. 1401 à 1496. — Observations sur les mariages célébrés en *pays étranger*.

§ *Préliminaire*. — *Sommaire des règles générales qui servent de base à l'organisation du régime de la communauté.*

I. Notion de la communauté.

II. Formation du fonds commun : — distinction des biens *communs* (*acquêts*, *conquêts*) et des biens *propres*.

III. Droits respectifs des époux.

IV. Dettes de la communauté.

V. Dissolution de la communauté : — ses suites diverses ; droit de renonciation pour la femme.

VI. Conclusion · la communauté conjugale constitue-t-elle une véritable *personne morale?*

VII. Division du sujet, selon les trois époques correspondant aux diverses phases de l'existence de la communauté.

PREMIÈRE ÉPOQUE. — *Formation de la communauté légale.*

I. Quand commence et peut seulement commencer la communauté ? 1399.

II. Apports des époux, au début de la communauté et charges qu'ils lui imposent.

1⁰ *Apport actif* : 1401 1⁰, 535 comp. à 1404 § 1 et 1402 complété par 2228, 2229 Cod. civ. et 23 proc. Voy. cep. 1404 § 2 à restreindre.

2° *Passif antérieur au mariage* : 1409 1°, 1400 et 1528. — Situation des créanciers de chacun des époux.

3° Mention de l'art. 1496 comb. avec 1098.

Deuxième époque. — *De la communauté pendant son existence ou sa durée.*

Divers intérêts en conflit pendant cette époque ; — division de la matière.

CHAPITRE PREMIER.

Position respective des époux par rapport au patrimoine commun.

Détails à ce sujet, concernant séparément le *mari* et la *femme* : 1421, 1388; — mesures protectrices en faveur de cette dernière : 1443 et suiv., 1453, etc.

CHAPITRE II.

Actes des époux qui peuvent ENRICHIR ou APPAUVRIR la communauté, c'est-à-dire de l'ACTIF et du PASSIF de la communauté pendant son existence et de son ADMINISTRATION.

Aperçu et division de ce sujet multiple.

Section 1re. — ACQUISITIONS FAITES PAR L'UN DES ÉPOUX, DURANT LE MARIAGE.

I. Régles générales.

1° Des acquisitions *mobilières* (1401 1°) ou *immobilières* (1401 3°, 1404 § 1, et 1405 comb. avec 883).

2° Acquisition des fruits et revenus des biens des époux : 1401 2°, 1403 § 1, compar. 1403 § 2 avec 590.

II. Exceptions aux règles précédentes.

1° Exceptions à l'acquisition générale des meubles et des revenus : 1401 1°, 1403 § 3, etc. : les meubles sont alors *propres* : qu'est-ce à dire?

2° Exceptions à l'acquisition par la communauté des immeubles acquis par l'un des époux autrement que par donation ou succession.

Cas de l'art. 1402 *in fine*.

Cas de l'*arrangement de famille* réglé par l'art. 1406.

Cas de l'art. 1407 : subrogation de *propre*. Renvoi de 1434 et 1435.

Cas de l'art. 1408 § 1 comb. avec 883 et 888 § 1. — Le 2e § de l'art. 1408, relatif au *retrait d'indivision*, mérite une attention spéciale.

SECTION II. — DE L'ADMINISTRATION ET DE LA DISPOSITION DES BIENS COMMUNS.

I. Administration de la communauté : 1421 § 1, arg. à contrar. 1428 *in fine*.

II. Disposition des biens communs.

1° Pouvoirs très-étendus du mari : 1421 qui ne dit pas tout à cet égard ; — exercice des actions concernant les biens *communs* : de l'action en partage, 818.

Restrictions apportées à ces pouvoirs : 1409 1° *in fine*, 1457, 1469 ; — 1422 ; — 1423 comb. avec 883 ; — 1167 et 271 comb. ; — sanction de ces restrictions.

2° Situation de la femme sous ce [rapport : 1426 ; voy. cep. 1427. — Effet du legs d'un corps certain de la communauté par la femme. Voy. 1425, 1021 et 883 comb.

SECTION III. — DES DETTES CONTRACTÉES PAR LES ÉPOUX DURANT LA COMMUNAUTÉ.

Aperçus généraux.

1° Position de la question.

2° Trois situations correspondant à trois variétés de dettes : — Dettes *entièrement communes* ; — dettes *imparfaitement communes* ; — dettes restant *propres* à l'époux qui les contracte. — Observation générale sur les *recours respectifs* à exercer à cet égard.

3° Aperçu des dispositions du Code sur ce sujet : Division méthodique de la matière.

§ 1. — *Dettes directes des époux.*

Art. 1er. — *Charges* ENTIÈREMENT COMMUNES OU SANS RECOURS *de la communauté contre les époux.*

1re QUESTION. — Quelles sont les dettes des époux qui deviennent *communes sans recours?*

Elles procèdent de trois chefs différents :

I. Charges du mariage ou des revenus : 1409 3°, 4° et 5°.

II. Dettes, autres que les précédentes, contractées par les époux dans les conditions légales où ils peuvent valablement lier la communauté.

Quant au mari, voy. 1409 2°, 1421, 1420, arg. à contr. 1424.

Quant à la femme, voy. 1409 2°, 1426 et 1427.

Dettes solidaires ou non du mari et de la femme ayant traité conjointement : 1409 2°, 1431. Renvoi.

III. Dettes qui, quoique non contractées dans les conditions précédentes, ont néanmoins tourné au profit de la communauté : arg. 1864.

2e QUESTION. — Contre qui et sur quels biens le créancier d'une dette *entièrement* commune peut-il agir ?

1° Action contre l'époux qui a contracté : arg. 1134, 2092. 1234, 1200, 1202, 1487.

2° Exécution sur les biens de la communauté : 1409 et 2092.

3° En cas de dette contractée par la femme autorisée par le mari, action contre le mari : arg. 1419. Voy. cep. 1413 et 1432, add. 1420.

4° Divers recours *contre la communauté* résultant des règles précédentes : arg. 1470 3°, 1472 § 2, 1431, etc.

Art. 2. — *Charges* IMPARFAITEMENT COMMUNES OU AVEC RECOURS *de la communauté.*

1re QUESTION. — Quelles sont les dettes qui, quoique devant rester, en définitive, à la charge de l'époux qui les contracte, peuvent cependant être poursuivies sur les biens de la communauté pendant sa durée?

1° Pour les dettes du mari, voy. 1409 2° *in fine*, 1437, 1469 *in med.*, 1424.

2° Pour les dettes de la femme, voy. mêmes articles, moins l'art. 1424, remplacé par l'art. 1425 : add. 1426 et 1427.

3° Dettes solidaires ou non des deux époux ayant traité conjointement.

2° QUESTION. — Contre qui le créancier peut-il agir?

1° Mêmes actions que pour les dettes communes parfaites.

2° Recours respectifs en résultant : 1437, 1409 2° *in fine*, 1469, 1449, 1472 § 2, 1431.

Appendice aux deux articles précédents.

De la dotation des enfants par les époux mariés en communauté.

Principes généraux du sujet : 204, 1409 2°, 1469 *in fin.*, 1422.

Application de ces principes.

N° 1. — *Dotation faite* A TITRE PERSONNEL.

I. Les deux époux ont doté un enfant commun.

1° Dans quelle proportion chacun est-il tenu? 1458 § 1.

2° Recours qui peuvent avoir lieu : 1438 § 2, 1469 *in fine* : add. 1494.

II. Un seul des époux a doté un enfant commun : 1469, 1427, 1419.

III. Un des époux a doté un enfant qu'il a d'un premier lit : Voy. 1409 2°, 1426, 1427, 1437, 1469 et 1449.

N° 2. — *Dotation* MISE A LA CHARGE DE LA COMMUNAUTÉ.

1° Par les deux époux : 1438 § 1, *in med.*

2° Par le mari seul : 1422, 1439.

3° Par la femme autorisée du mari ou de la justice : 1409 2°, 1427.

§ 2. — *Dettes provenant de successions ou de donations (1418) acceptées, sous ces charges, par l'un des époux.* Exposé du sujet.

1re QUESTION. — La communauté doit-elle supporter tout ou partie de ces dettes?

I. Réponse générale établissant une corrélation entre les dettes à supporter et la quotité proportionnelle des biens recueillis par la communauté, comparée à l'ensemble de la succession ou de la donation.

II. Application aux diverses successions *mobilières* (1414), — *immobilières* (1412 comb. avec 1409 5o), — ou *partie mobilières* et *partie immobilières* (1414 et 1415).

III. Observations spéciales à ce sujet.

2e QUESTION. — Quelle influence le régime de la communauté, sous lequel est marié l'héritier ou le donataire. exerce-t-il sur les droits des créanciers antérieurs à l'ouverture de la succession ou à la donation?

Il faut ici voir si cette circonstance du régime matrimonial de l'époux héritier ou donataire, qui ne peut *diminuer* les droits du créancier (1412 alin. 1 *in fin.*, 1413, 1447, 724, 2092, etc.), peut les *augmenter* : — précisions à faire selon la *nature* des biens héréditaires, — suivant l'époux à qui la succession est échue, — selon qu'il y a eu ou non inventaire, etc., etc. : 1411, 1412, 1413, 1416, etc.

CHAPITRE III.

Règles concernant les PROPRES ACTIFS **ou** PASSIFS **de chaque époux.**

SECTION 1re — DES PROPRES ACTIFS.

Aperçus généraux.

§ 1. — *Propres du mari.*

Voy. N°° 1401 2o, 1484, 1419, etc.

§ 2. — *Propres de la femme.*

I. Droits traditionnels du mari sur ces biens : 1428 § 1.

II. Différence entre ces droits et ceux qu'il a sur ceux de la communauté : 1421, 1428 *in fin.*

III. Règlement des principaux actes d'administration.

1º Administration ordinaire.

2º Exercice des actions : 1428, 613, 818.

3º Réception de capitaux.

4º Aliénation des propres : 1428 qui ne s'explique que sur les immeubles : — *quid* des meubles propres ?

5º Baux ou locations des immeubles propres : 1429 et 1430.

IV. Responsabilité du mari : 1428 § ult., 1142, 1137 comb.

V. Administration exceptionnellement laissée à la femme.

§ 3. — *De l'emploi et du remploi des propres.*

Préciser les circonstances de fait qui donnent lieu à la théorie de ce §.

I. Notion des opérations appelées *emploi* et *remploi.*

II. Caractère *facultatif* de l'obligation d'*emploi* ou de *remploi* (1421) ; conséquences : 1435.

III. Quand le mari veut faire *emploi* ou *remploi*, il y a des *conditions* à remplir : — pourquoi ? arg. 1402 comp. à 1407.

1º Remploi pour le *mari* : Voy. 1434.

2º Remploi pour la *femme*. Voy. 1435 : observations spéciales sur l'*acceptation* du remploi.

IV. Effets du *remploi* régulier.

Appendice au § 3.

I. Des remplois par *anticipation.*

II. De l'obligation d'emploi ou de remploi imposée par un donateur ou testateur. Renvoi pour le remploi *obligatoire* en vertu du contrat de mariage.

I. Quelles sont ces dettes?

II. Poursuites contre l'époux débiteur : 1480, 1494; ce qui en résulte.

III. Poursuites exceptionnelles contre la communauté; — leurs suites.

IV. Situation respective des époux concernant leurs dettes propres : 1419, 1413, 1432, 1431.

CHAPITRE IV.

Théorie des recours et récompenses.

C'est la sanction de l'organisation précédente du régime de la communauté.

SECTION Ire. — APERÇUS GÉNÉRAUX.

1º Rappel de la situation supérieure du mari en ce régime; — ses résultats possibles.

2º Présomption de la loi, quand un des patrimoines des époux ou celui de la communauté s'est enrichi aux dépens d'un autre : sanction de cette présomption légale dans la théorie *des récompenses*.

3º Eléments qui donnent la *mesure* de la récompense quand elle est due.

4º Le *règlement* et le *paiement* des récompenses, sont renvoyés à la dissolution de la communauté, mais les *bases* n'en sont pas toujours appréciées à cette époque seulement.

SECTION II. — APPLICATION DES RÈGLES PRÉCÉDENTES.

Art. 1er. — *Récompenses dues par la communauté à l'un des époux.*

I. Cas où ces récompenses sont dues :

1º Voy. *réceptions de valeurs propres* : 1433, 1436 *in fine*, 1403 *in fine*, 1408 *in fine*, 1409, etc.

2º Voy. *obligations ou dépenses pour la communauté* : 1431 comb. avec 1216, etc.

II. Règlement de ces récompenses, selon qu'elles regardent le mari ou la femme : 1456; renvoi aux art. 1470 à 1475.

Art. 2. — *Récompenses dues par les époux à la communauté.*

I. Cas où ces récompenses sont dues. Voy. 1437.

1° Voy. quand l'*intérêt de l'époux* a été *exclusif* dans l'acte qui a appauvri la communauté : 1458, 1459 *in fine*, 1469, 1426, etc.

2° *Quid* du cas où la *communauté* y avait un *intérêt* au moins temporaire? 1409 2°, 1419, 1451.

II. Règlement de ces récompenses : renvoi à 1469 et à 1473.

Art. 2. — *Récompenses dues par l'un des époux à l'autre.*

I. Cas où ces récompenses sont dues : voy. 1478, 1438 § 2, 1582, 1419, 1452, 1431 : un mot, à ce sujet, sur la théorie de l'*Indemnité des dettes* (arg. 2135).

II. Règlement de ces récompenses qui n'intéressent nullement la communauté. Renvoi à 1478 et 1479. — Rappel de 2255.

Troisième époque. — *Dissolution de la communauté.*
Division du sujet.

CHAPITRE PREMIER.

Causes de dissolution.

Section 1re. — DISSOLUTION DE LA COMMUNAUTÉ PAR SUITE DE CELLE
DU MARIAGE.

Voy. 1441, modifié par les lois du 5 mai 1816 et du 31 mai 1854.

Section II. — DISSOLUTION DE LA COMMUNAUTÉ SANS QUE LE MARIAGE
SOIT DISSOUS, OU DE LA SÉPARATION DE BIENS.

Notion de la séparation de biens : elle peut advenir *directement* ou *indirectement* (311 et 1441).

§ 1. — *De la séparation de biens* DIRECTEMENT *opérée.*

I. But de cette séparation de biens.

II. Point de séparation de biens *volontaire* (1445 § 2, 1395) ; il faut un jugement.

III. Qui peut demander la séparation de biens ? 1445 *in pr.*, 1166 et 1446.

IV. Pour quelles causes ? 1443, dont les expressions un peu vagues doivent être précisées.

V. De la procédure en séparation de biens : 865 à 870 Proc. ; 1447 *in fine.*

VI. Du jugement de séparation.

1° Sa nature.

2° Publicité qu'il doit recevoir : 1445 § 1 Cod. civ. et 872 Proc.

3° Voies de recours dont il est susceptible. Voy. spéc. 1447 *in pr.* Cod. civ. 474 et 873 Proc.

4° Effets généraux du jugement : 1449 : renvoi ; — rétroactivité de ces effets : 1445.

5° Exécution du jugement : explication détaillée de l'art. 1444.

6° Droits des créanciers du mari, après jugement : 1447 et 1167.

§ 2. — *De la séparation de biens résultant de la séparation de corps.*

I. Que penser de l'art 311 ?

II. Y a-t-il quelque formalité à remplir ?

III. Comparaison des deux séparations et des effets de la séparation de biens dans les deux situations.

CHAPITRE II.

Conséquences de la dissolution de la communauté.

Division du chapitre.

SECTION Iʳᵉ. — CONSÉQUENCES DE LA DISSOLUTION QUANT A LA MASSE COMMUNE.

§ 1. — *Il n'y a plus lieu à* CONTINUATION DE COMMUNAUTÉ *après le décès de l'un des époux.*

Explication historique de l'art. 1442.

§ 2. — *Que devient la masse commune?*

Cela dépend de l'*option* que feront la femme ou ses représentants par rapport à l'*acceptation* de la communauté ou à la *renonciation* à cette communauté.

Art. 1ᵉʳ. — *Du* DROIT D'OPTION *de la femme considéré en lui-même.*

I. Ce droit est de l'*essence* du régime de la communauté : 1455, 1466. Voy. cep. 1460.

II. Situation diverse, *en fait* et *en droit*, entre la *femme survivante* et la *femme séparée* : 1456.

III. Mesures préliminaires, imposées ou facultatives, pour l'exercice du droit d'option : 1456, 1457, 1458, 1465 Cod. civ. — Situation provisoire de la femme jusqu'à l'option : 174 Proc. Voy. 1465, 1495 *in fine.*

IV. Exercice de l'option.

1° Acceptation de la communauté : 1454 et 1455.

2° Renonciation à la communauté : 1456, 1457.

V. Effets divers de l'inaction de la femme dans les délais légaux : 1457, 1459 § 1, 1465.

VI. Du droit d'option dans la personne des héritiers de la femme, selon les diverses circonstances qui leur en confèrent l'exercice : 1461, 1466.

VII. Etat d'*indivision ordinaire* des biens communs jusqu'à l'exercice du droit d'option.

Art. 2. — *Suites de l'option faite par la femme ou ses héritiers.*

Elles sont diverses, selon qu'il y a eu *acceptation* ou *répudiation.* Voy. cep. 1481.

1re DIVISION. — SUITES DE L'ACCEPTATION DE LA COMMUNAUTÉ.

S'occuper de l'*actif* et du *passif* de la communauté : 1467 et 1491.

N° 1. — *Partage de l'actif.*

I. *Droit d'exiger le partage* : 815.

II. *Formation de la masse à partager* : ce qu'elle doit ou non comprendre. Voy. 1470.

Nature des *prélèvements* autorisés en faveur de chaque époux, s'il y a lieu, selon qu'il s'agit soit de *récompenses dues* par la communauté, soit de *propres et remplois*. Dans le premier cas, l'époux n'a qu'*une créance* sur la communauté, avec faculté d'exiger le payement *en effets de la communauté* en nature (1471 § 2, 1245) ; situation respectivement différente du *mari* et de la *femme* pour l'exercice des reprises : 1471 et 1472.

Rapports dus par les époux : 1468, 1469 et 1473.

III. Quel est le droit de chacun des époux sur la masse à partager ? 1474. Voy. cep. 1477.

IV. Exécution du partage : 1476 ; — ses effets : 1476, 883 comb. avec 1421 ; — frais du partage : 1482 *in fine*.

V. De l'annulation et de la rescision du partage : 887 et suiv.

VI. Du partage lorsque, parmi les héritiers de la femme, l'un a accepté et l'autre a renoncé : 1475.

VII. Règlement après partage des droits que les époux peuvent avoir l'un contre l'autre : 1478, 1479 et 1480.

N° 2. — *Comment est supporté le passif commun.*

Sujet complexe et difficile.

I. Aperçus théoriques.

1° Rappel des diverses espèces de dettes *communes* (sens. lat.).

2° Après la dissolution, quel est le sort des dettes *com-*

munes? que doit en supporter chaque époux ? 1467, 1482 ; l'action des créanciers a-t-elle la même étendue soit contre l'époux dont procède la dette *commune,* soit contre l'autre.— Les règles sont-elles les mêmes pour toute espèce de *dettes communes ?*

II. Application des règles précédentes.

1° Cas où le créancier agit, même après la dissolution, contre chacun des deux époux ou leurs représentants, mais dans des proportions différentes : contre l'époux dont procède la dette. voy. 1484, 1486, 1487 ; — contre l'époux dont la dette ne procède point, voy. 1482, 1484 *in fine,* 1485 ; observations touchant l'action relative aux dettes *imparfaitement communes.*

2° Cas où l'un des époux peut être tenu à payer la totalité de la dette : arg. 1489 et 1221.

3° La *séparation des patrimoines* n'existe point pour les créanciers de la communauté.

4° *Quid* si un époux a payé au créancier plus qu'il ne lui devait ? 1488.

5° Recours de l'époux qui a été forcé de payer au créancier plus qu'il ne doit supporter de la dette, dans ses rapports avec son conjoint : 1490 § 2, 1482, 1484 *in fine,* 1486 *in fine,* 1489, 1490 § 1.

III. Du *bénéfice d'émolument* accordé à la femme : explication de l'art. 1483 : comparaison avec le *bénéfice d'invention.*

N° 3. — *De l'irrévocabilité de l'acceptation.*

Voy. 1455 comp. à 785 ; add. 1167.

Appendice à la 1re Division (DE LA COMMUNAUTÉ ACCEPTÉE).

De l'exercice des droits de reprises de la femme acceptante à l'encontre des autres créanciers de la communauté.

Exposé de cette grave matière : controverses qu'elle a soulevées ; leur solution.

2ᵉ DIVISION. — SUITES DE LA RENONCIATION A LA COMMUNAUTÉ.

I. Effets de la renonciation par rapport aux droits éventuels de la femme sur la communauté : 1492.

II. Droits de reprises *en nature* ou *en valeur* revenant à la femme renonçante : 1493, 1495 : mode de leur exercice.

III. La femme est déchargée de toute contribution aux dettes ; mais quelle est sa position vis-à-vis des créanciers de la communauté ? il y a des précisions à faire.

IV. Droit des créanciers de la femme contre une renonciation frauduleuse : 1464 comp. à 1167 et 788.

V. Droits de créance personnelle des époux l'un contre l'autre : arg. 1478.

SECTION II. — CONSÉQUENCES DE LA DISSOLUTION DE LA COMMUNAUTÉ PAR RAPPORT AU RÉGIME DES BIENS PERSONNELS DES ÉPOUX.

Ceci ne regarde que les cas de *séparation* soit de biens, soit de corps et de biens.

Art. 1ᵉʳ. — *Biens personnels du mari.*

Art. 2. — *Biens personnels de la femme.*

Aperçus généraux : 1449 et 1450 à comb. avec 215 et suiv.

I. Pouvoir *d'administration* et *de jouissance* exercée par la femme séparée : 1449 § 1 comb. avec 1429, 1450.

II. Pouvoir de *disposition* du mobilier : 1449 § 2 et 217 comb.

III. Quant aux *aliénations* proprement dites des immeubles, voy. 1449 § 3 : — explication spéciale de l'art. 1450 qui est d'une application très-usuelle.

IV. Des *concessions de droits réels* (2085, 2114 et 2185) sur les immeubles : arg. 1449 § 3.

V. Exercice des *actions judiciaires* : 215 et 218.

SECTION III. — SUITES DE LA DISSOLUTION DE LA COMMUNAUTÉ PAR SÉPARATION, PAR RAPPORT AMX CHARGES DU MARIAGE.

La séparation de biens laissant subsister le ménage, ce

que ne fait pas la séparation de corps, la contribution aux charges du ménage de la part de chacun des époux, est différemment réglée et appliquée : 1448, 203, 212 et 303 comb.

Ce n'est encore qu'en cas de séparation que ceci peut exiger quelques observations ; voy. 1452.

CHAPITRE III.

Du rétablissement de la communauté en cas de dissolution par séparation.

I. Annulation de la séparation : 1444 cod. civ. ; 869 proc.

II. Consentement mutuel des époux : 1451, dont les diverses dispositions méritent attention.

Appendice à la deuxième partie (RÉGIME DE LA COMMUNAUTÉ LÉGALE).

I. Explication de l'art. 1496 relatif au cas où les époux ou l'un d'eux ont des enfants d'un précédent mariage.

II. Effets de l'absence de l'un des époux sur le régime de la communauté légale.

Il faut examiner ce sujet par rapport à l'époque de la simple *présomption d'absence* et à celle de la *déclaration d'absence*, à laquelle se rapportent les art. 124, 125, 127, 128 et 131.

TROISIÈME PARTIE.

EXAMEN SPÉCIAL DES DIVERS RÉGIMES MATRIMONIAUX CONVENTIONNELS.

Rappel des *quatre* régimes d'ensemble que la loi offre au choix des parties contractantes.

CHAPITRE Ier.

De la communauté conventionnelle.

APERÇUS GÉNERAUX.

I. Dans quelles circonstances il y a vraiment *communauté conventionnelle* : 1400 et 1387 et suiv. comb.

II. Le code civil a spécialement indiqué les modifications les plus usitées du régime de la communauté et en a réglé les effets (1497 et suiv.) ; mais voy. 1527, qui fait comprendre comment les parties peuvent modifier la communauté soit *implicitement*, soit *explicitement* (1528).

III. Interprétation des clauses modificatives de la communauté.

IV. Rappel de l'art. 1098.

SECTION 1re. — MODIFICATIONS *implicites* A LA COMMUNAUTÉ.

Ces modifications présentent trois groupes de clauses différentes.

§ 1er. — *Clauses restrictives* de l'actif *ou* du passif *de la communauté.*

Art. 1er. — *Exclusion de mobilier* (1500 à 1504).

Exposé successif de deux variétés de clauses qui peuvent produire cette exclusion, savoir : 1° la clause de *réalisation* ou *stipulation de propres* ; 2° la clause d'*apport du mobilier* à *concurrence de telle somme.*

Art. 2. — *Communauté réduite aux acquêts.*

Notion de cette variété de communauté conventionnelle, qui est fort usitée. — Coup-d'œil historique.

I. Formation de la communauté d'acquêts.

1° Quand cette communauté est-elle censée stipulée ? 1498 *in pr.*

2° Quand commence-t-elle ? 1528, 1399.

3° Ce qui entre en communauté : 1498.

II. De la communauté d'acquêts pendant son *existence* ou sa *durée.*

Aperçu général sur la position respective des époux : 1528, 1421 et suiv.

1° Composition de la masse active : 1498 § 2, 1528, 1402, 1499.

2° Administration : 1528, 1421.

5° Passif de la communauté : interprétation de 1498.

4° Régime des biens *propres* aux époux.

III. Dissolution de la communauté d'acquêts et ses suites. Voy. et comb. 1441. 1455 et suiv., 1498, 1499, 1483, etc.

Art. 3. — *Séparation de dettes* (1510 à 1513).

Notion et portée générale de cette clause entre les époux et vis-à-vis de leurs créanciers : — de la clause de *franc et quitte*, accompagnée d'obligation de garantie contre les père, mère, ascendants ou tuteur, qui concourent à cette déclaration.

§ 2. — *Clauses augmentant l'actif de la communauté.*

Art. 1. — *De la communauté universelle.*

Voy. les art. 1526 et 1837 rapprochés.

Art. 2. — *De l'ameublissement.*

Notions de la clause d'ameublissement : 1505 comp. à 1402 *in med.*, 1404 et 1505. — Diverses espèces d'ameublissement : observations terminologiques : 1506.

N° 1. — *Ameublissement* PROPREMENT DIT OU DÉTERMINÉ, *d'après l'art.* 1506.

I. Son effet général : 1507 § 1.

II. Conséquences de détail : — Quant aux changements d'état de la chose ameublie : 1138, 1302, 546, etc. ; — quant aux droits du mari : 1421, 1507 § 2 ; — quant aux droits des créanciers de la communauté et du mari : 1409 2° ; — quant au partage après dissolution : 1467, voy. cep. 1509.

N° 2. — *Ameublissement* à EFFETS RESTREINTS OU INDÉTERMINÉ, *d'après l'art.* 1506.

I. Sa portée générale.

II. Conséquences de détail sur les divers points énumérés au n° précédent.

§ 5. — *Clauses dérogeant aux règles ordinaires de liquidation et de partage d'une communauté dissoute.*

Art. 1er. — *De la faculté accordée à la femme de reprendre son apport* FRANC ET QUITTE (1514).

Art. 2. — *Du Préciput.*

I. Notion de cette clause : 1515 à compléter.

II. Notion juridique du préciput : 1516 comb. avec 931. 1394, 932, 979, 948, 1094, 1527 3°.

III. Quand le droit au préciput est-il acquis ? 1517 et 1518, add. 299.

IV. Liquidation et payement du préciput : 1519.

Art. 3. — *Des clauses par lesquelles on assure à chacun des époux* des PARTS INÉGALES *dans la communauté.*

Voy. 1520 à 1525.

SECTION II. — MODIFICATIONS *explicites* A LA COMMUNAUTÉ.

I. Ces modifications existent, soit lorsque, au lieu de s'en rapporter, *en général*, aux clauses précédemment indiquées, *telles que le Code les a organisées,* on a inséré dans le contrat les *règles de détail* concernant ces mêmes clauses ; — soit quand on a voulu *modifier* ces mêmes règles ou quelques-unes d'entre elles ; — soit enfin quand on change les règles de la *communauté légale,* sans rentrer néanmoins dans les diverses stipulations prévues dans la section précédente.

II. Examen spécial de quelques-unes de ces modifications explicites, notamment de la *clause de remploi imposé au mari,* par le contrat de mariage, pour les deniers propres de la femme qu'il pourra recevoir.

CHAPITRE II.

Du régime dotal.

Aperçus préliminaires.

I. D'où ce régime prend-il son nom, puisque la femme peut être *dotée* sous tous les régimes ? 1540, 1554, etc.

II. Coup d'œil historique.

III. Contribution des époux aux charges du mariage : — rôle du mari : — rôle de la femme : distinction de ses biens, en *dotaux et paraphernaux* (1574).

IV. Quand les époux se trouvent-ils soumis au régime dotal? 1592.

V. Division du chapitre.

Section Ire. — DES BIENS DOTAUX.

Division de la section.

§ 1. — *Quels biens sont dotaux et quelles sont les règles de la constitution de dot sous ce régime.*

Importance du sujet.

I. La dotalité des biens de la femme ne se présume point, même sous le régime dotal.

II. Quels biens sont dotaux et de qui peut émaner la constitution de dot : 1541.

III. Rappel des règles générales déjà vues sur les constitutions de dot en général : 1547, 1548 : interprétation de certaines clauses de dotation : 1544, § 1, 1545, 1546. — Add. règles spéciales au cas où les père et mère, qui constituent la dot, sont eux-mêmes mariés sous le régime dotal : 1544 § 2.

IV. Du rapport de la dot : 851 et 1575.

V. Diverses combinaisons sous lesquelles la femme peut se constituer ses biens en dot : 1542 comb. avec 1130 et 885.

VI. Immutabilité de la constitution dotale après la célébration du mariage : 1543, comp. à l. 1 *ff de pact. dotal.* Cette règle met-elle obstacle à des dispositions de donateur ou de testateur qui tendraient à diminuer ou à augmenter la dot?

VII. Mention de l'art. 1555, dont l'explication détaillée viendra plus tard.

§ 2. — *Comment la loi, tout en faisant contribuer la femme aux charges du ménage, au moyen de sa dot, lui en assure pourtant la conservation.*

Division de ce §.

Art. 1er. — *Comment la dot reçoit sa destination légale.*

Les régles sur ce point sont relatives aux divers droits du mari sur la dot.

No 1. — *De la réception de la dot par le mari.*

I. Droit exclusif du mari (arg. 1549 § 2).

II. A quel titre le mari reçoit la dot.

1o C'est, en général, comme recevant le bien d'autrui qu'il doit restituer un jour : — en quel sens le mari est-il appelé *Dominus dotis, maître des cas dotaux?* Voy. l. 50 Cod. *de jure dotium.*

2o Par exception, le mari peut devenir *propriétaire* de certains *biens dotaux*, sans devenir *maître de la dot*, en sa *seule qualité* de mari. Voy. 587 et 1552; — 1551 et 1552 à comparer sur la portée diverse de l'*estimation* des biens dotaux dans le contrat de mariage; — différence avec le Droit romain.

No 2. — *De l'administration de la dot par le mari.*

I. Droit exclusif du mari : 1549 § 1.

II. Caractère général de ce droit comparé à celui du mari sur les *propres* de communauté : 1428; — obligations en dérivant : 1157, arg. 1562 § 2.

III. Détails principaux d'administration.

1o Actes de gestion ordinaire.

2o Location des biens dotaux : arg. 1429 et 1430.

3o Réparations à faire.

4o Exercice des actions judiciaires : 1549, comp. à 1428 § 2; add. 818, 2208; — l. 41 *ff de jure dotium.*

5o Réception des capitaux dotaux : 1549 § 2 *in fine,* 1239, 2157.

46 de la loi du 2 juillet 1862 ; — effets de l'emploi régulier ; — conséquences de l'omission ou de l'irrégularité de l'emploi obligé.

III. Indication d'autres clauses de garanties usitées dans les contrats de mariage.

N° 2. — De l'inaliénabilité de la dot.

Idée générale de ce caractère spécial au régime dotal : il est de la nature et non de l'essence de ce régime. Division de la matière.

Premier point. — Exposé du principe de l'inaliénabilité dotale.

I. En quoi il consiste.

Sa formule : — Voy. cep. l'application des art. 545, 682 Cod. civ. et l. du 3 mai 1841, art. 13 et 15, etc. — Temps durant lequel l'inaliénabilité de la dot produit son effet.

II. Historique du principe de l'inaliénabilité. — Droit romain ; — ancien Droit français ; — Code civil et ses travaux préparatoires.

III. Application du principe de l'inaliénabilité aux immeubles dotaux.

IV. Quant à la dot mobilière, il y a plusieurs précisions à faire.

V. Comment appliquer le principe de l'inaliénabilité aux fruits ou revenus de la dot mobilière ou immobilière ?

Deuxième point. — Conventions modificatives de l'inaliénabilité ordinaire de la dot.

I. Aliénation permise par le contrat de mariage : 1557. — Interprétation des conventions ayant cet objet.

II. Aliénation permise à charge de remploi.

Quand cette obligation existe ; — ce qu'elle impose ; — conséquence de son exécution ou de son omission. — Voy. sur tous ces points, combin. 1434, 1435, 1554, 2135, 1450, etc. : Renvoi à 1560.

Troisième point. — Exceptions légales à l'inaliénabilité dotale, en dehors de toute convention, à cet égard, dans le contrat de mariage.

On peut signaler quatre classes d'exceptions légales.

Première classe d'exceptions légales. — Aliénation de la dot par la femme pour l'*établissement de ses enfants* : voyez 1555 et 1556, dont l'explication exige de nombreux détails.

Deuxième classe d'exceptions légales. — *Cas prévus de nécessité ou d'urgence,* dont les motifs l'emportent sur le principe conservateur de l'inaliénabilité. — Ces cas sont au nombre de cinq. Voy. 1558 : outre quelques règles communes à ces divers cas d'aliénation exceptionnelle de la dot, chacun d'eux exige un examen particulier, surtout le troisième.

Troisième classe d'exceptions légales. — Délits ou quasi-délits de la femme ; — *quid* des dépens auxquelles elle peut être condamnée à suite de la perte de quelque procès?

Quatrième classe d'exceptions légales. — Echange de l'immeuble dotal : 1559 : précautions prises par la loi à ce sujet ; — conséquences de l'échange régulier, avec ou sans soulte.

Quatrième point. — De l'imprescriptibilité dotale.

Commentaire de l'art. 1561 qui présente plusieurs difficultés.

Cinquième point. — Sanction des règles précédentes.

I. Nullité de toute aliénation dotale, hors des cas où elle est permise (1560 *in pr.*), eût-elle eu lieu en vertu d'un jugement.

II. Conséquences de cette nullité.

1° Conséquences par rapport aux aliénations proprement dites. — Commentaire de l'art. 1560 qui est très-important : il faut voir séparément le cas de la vente du fonds dotal par le *mari seul*, quand le contrat de mariage ne l'y autorise pas (1599, 1554, 1549 § 2, 2262, 2265, 1561 et 2255, 1560 §§ 1 et 2, 1304); le cas de la vente par le mari seul, autorisé par le contrat de mariage, à charge d'un remploi mal fait ou omis (1557, 1560, 1181); enfin, le cas de vente faite par la femme autorisée ou non par le mari (1554, 217, 1124, 225, 425, 1560, 1304).

Outre les règles de détail qui précèdent sur les cas d'aliénation illégale du fonds dotal, il en est de communes à ces diverses situations et dont l'application a suscité quelques controverses.

2° Conséquences par rapport à l'exécution sur les biens dotaux des dettes valablement contractées par la femme durant le mariage, autrement que par délits ou quasi-délits.

3° Conséquences par rapport à l'exécution des dettes contractées par le mari durant le mariage.

N° 3. — *Précautions légales pour quelques actes d'administration extraordinaire.*

I. Transaction sur les biens dotaux : 2044, 2045, 1554, arg. 467.

II. Compromis sur une contestation relative aux biens dotaux · arg. 1989 cod. civ. 1004 et 83 cod. proc.

III. Partage de biens indivis dont une partie au moins est dotale (818 et 1558 § 5).

N° 4. — *De la séparation de biens sous le régime dotal.*

I. Comment peut-il être question de *séparation* sous ce régime *exclusif de communauté*? 1565, L. 24 ff. *solut. matrim.* et L. 29 cod. *de jure dotium.*

II. Cette séparation est toujours judiciaire.

III. Ses causes : 1563 et 1443 comb.

IV. Formes à suivre et conditions à observer pour l'obtenir et en assurer les résultats : 1563 et 1444 et suiv.

V. Effets de la séparation de biens.

1° Sur la constitution dotale et son étendue.

2° Sur la détention de la dot par le mari : renvoi.

3° Sur l'administration de la dot : 1449, 1428 et 1549 comb. ; 215, 217, 1450.

4° Sur l'inaliénabilité de la dot et son imprescriptibilité. Voy. 1561 § 2, comb. avec 1560 § 1.

VI. Rétablissement du régime dotal après la séparation de biens : arg. 1451.

N° 5. — De la restitution de la dot.

I. Par suite de quels événements la dot doit ou peut être restituée.

II. La demande en restitution, faite au mari ou à ses héritiers, suppose prouvé qu'il a reçu la dot : cette preuve est à la charge de la femme ou de ses représentants ; voyez cependant la dispense de preuve accordée par l'art. 1569, dont il ne faut appliquer la disposition qu'avec précaution. — *Quid* si la dot a été reçue par le père ou la mère du mari ?

III. Ce qu'on doit restituer : arg. 1564, 1565, 587, 1567 et 1568.

1° Pour qui sont les accroissements ou détériorations de la chose dotale ? — *Quid* des impenses faites par le mari sur la chose dotale ?

2° Des linges et hardes de la femme : 1566 § 2.

3° Les frais funéraires et de dernière maladie de la femme sont-ils imputables sur la dot à restituer ?

4° Des intérêts de la dot à restituer : 1570 comp. à 1465. Comment sont attribués les fruits de la fraction de l'année matrimoniale pendant laquelle la dot devient restituable ? 1571 comp. à 585 et 586.

IV. Délai de la restitution de la dot : 1444, 1563 et 1188 comb., 1464 et 1465.

V. A qui doit être faite la restitution.

Appendice au n° 5.

Avantages spécialement accordés à la veuve sous le régime dotal.
I. Droit d'habitation pendant l'an de deuil : 1570 § 2.
II. Droit aux habits de deuil : 1570 § 2.

SECTION II — DES BIENS PARAPHERNAUX.

I. Quels sont les biens de la femme qui sont *paraphernaux* ou *extra dotaux* : 1574. — Observations spéciales sur les acquisitions faites par la femme ou pour elle par son mari ; il y a plusieurs précisions à faire, et il faut résoudre la question d'*origine des deniers*.

II. De l'administration et de la jouissance des biens paraphernaux ; l'art. 1576 § 1 pose la règle générale et les art. 1577 à 1580 règlent à cet égard certaines situations particulières du mari.

III. De l'aliénation des biens paraphernaux : voy. 1576 § 2 ; de la clause de remploi en cette matière ; responsabilité du mari d'après l'art. 1450.

IV. Droits des créanciers de la femme sur les paraphernaux de celle-ci.

V. Exercice des actions judiciaires : 1575.

VI. Contribution des paraphernaux aux charges du ménage : 1575 comb. avec 203 et 1558 2°.

APPENDICE AU CHAPITRE II.

Du régime dotal mélangé d'une SOCIÉTÉ D'ACQUÊTS.

L'art. 1581, tout en renvoyant aux art. 1498 et 1499, ci-dessus étudiés, n'a pu effacer les règles spéciales du régime dotal, soit quant aux *biens dotaux*, soit quant aux *biens paraphernaux;* il faut donc combiner les principes de ce régime avec ceux de la société d'acquêts, telle que les articles ci-dessus l'ont réglementée, comme modification du régime de la communauté.

CHAPITRE III.

Du régime matrimonial exclusif de la communauté.

I. Idée générale de ce régime : 1529.

II. Comment, sous ce régime, sont supportées les charges du ménage, par le mari et par la femme : comb. 1541, 1550 *in fine*, 1530, 1531 à 1534.

III. La dot de la femme est aliénable, sous ce régime : 1555, add. 1450.

IV. Des acquisitions faites par la femme ou pour elle par son mari : — De l'*origine des deniers.*

V. De la séparation judiciaire de biens sous ce régime : arg. 1551 comp. à 1449.

VI. Dans quel autre régime légal faut-il chercher les règles destinées à combler les lacunes de la loi sur le régime exclusif de communauté?

CHAPITRE IV.

De la séparation contractuelle de biens.

I. Idée générale de ce régime, comparé au précédent : 1556.

II. Ne pas confondre la situation de la femme sous ce régime avec celle de la femme séparée judicairement.

Règles relatives aux points suivants :

1° Administration et jouissance des biens de la femme : 1556, 1576, 1559, 1578 : add. 1577 et 1578.

2° Aliénation des biens : 217, 1558, 1576.

3° Support des charges du ménage. Voy. 1537 comp. à 1575 et 1448.

III. Irrévocabilité de la séparation contractuelle : 1595 comp. à 1451.

CONCLUSION GÉNÉRALE SUR LE TITRE V.

Comparaison et appréciation critique des divers régimes matrimoniaux.

De l'aumône dotale ou dot religieuse.

Notions du contrat de constitution de dot religieuse et ses caractères ; — ses effets entre les parties contractantes et vis-à-vis des autres enfants du constituant : — Cas de résolution.

TITRE VI. — DE LA VENTE.

Aperçus généraux sur le but et les caractères du contrat d'*achat et vente :* — Distinction de la *vente volontaire*, principal objet de ce titre et de la *vente forcée.* — Division du titre.

CHAPITRE PREMIER.

Nature, forme, effets généraux de la vente et conditions requises pour qu'elle produise ces effets.

§ 1. — *Eléments essentiels du contrat de vente.*

I. Outre les éléments essentiels à tout contrat, ceux qui regardent la *vente* découlent du but réel que se proposent les parties en contractant : — Comparaison du Droit romain avec le Droit français actuel ; — 1582 à rectifier.

II. Détails sur chacun des éléments essentiels à ce contrat.

1° *Chose* dont il s'agit de transférer la propriété : l. 8 *ff. de contr. empt.*, art. 1601 comp. à l. 15 et 57 *ff.* eod. — Add. 1582. — Qu'importe la *nature* de la chose à vendre? — Renvoi à 1689 et suiv.

2° *Prix* : il doit consister en argent : comp. 1706. — Prix *sérieux* et *non vil*, ce qui n'est pas identique : 1674. — Prix *déterminé* : en quel sens? 1591 et 1592 comb. avec 1143 et 1144.

3° *Consentement des parties* : sur quoi? De l'*élection d'ami* ou *déclaration de command* : — l. 24 frim. an VII, art. 69, § 5-4°; § 7-5° : Renvoi aux art. 1109 et suiv. Cod. civ.

III. Malgré les ressemblances existant entre la *vente* et la *dation en paiement* (l. 4 Cod. *de Evict.*), il ne faut pas les confondre. Voy. 1162 et non 1602, 1576, etc.).

IV. Outre les conditions essentielles au contrat de vente et qui suffisent pour son efficacité entre les parties, la perfection du contrat vis-à-vis des tiers est soumise à d'autres conditions, soit en matière immobilière (l. 23 mars 1855), soit pour la cession des créances, 1690; renvoi. Voy. aussi 1141 et 2279 pour certaines ventes mobilières.

§ 2. — *Modalités et pactes* (arg. 1602 § 2) *adjoints dont le contrat de vente est susceptible.*

Voy. 1584 : — Notions générales sur le *pacte commissoire,* le *pacte de rachat* ou *de réméré* : renvoi pour les détails ; — de l'*addictio in diem,* du *pacte de préférence,* etc., etc.

§ 3. — *Formes du contrat de vente.*

I. Vente *privée*; — vente *publique.*

II. Spécialités relatives à la *vente privée* : 1582 § 2 comb. avec 1541, 1325 et 1528; vente que les parties ont soumise à la condition d'un *écrit* pour sa perfection. Voy. aussi conséquences de l'art. 1er du 23 mars 1855. — Vente par *correspondance.*

§ 4. — *Effets généraux de la vente.*

I. Outre l'effet translatif, *immédiat* ou *médiat,* de la vente, elle produit encore un *effet obligatoire.*

II. Si la livraison de la chose n'a pas lieu immédiatement, il faut régler la *question des risques,* en cas de perte de la chose avant la livraison.

1o Vente d'un corps certain : 1302.

2o Vente d'une chose déterminée seulement dans son espèce.

3o Vente de marchandises au *poids,* à la *mesure* ou en *bloc.* Voy. 1585 et 1586.

4º Vente d'objets à prendre dans une plus grande quantité déposée en un lieu désigné.

III. Vente de choses qu'on est dans l'usage de *goûter* avant l'achat : 1587.

IV. Ventes *à l'essai* : 1588. comp. à l. 3 *ff. de contr. empt.*

§ 5. — *Des promesses de vente et d'achat.*

Les art. 1589 et 1590 sont difficiles à bien comprendre. – Précisions à faire.

I. Promesses synallagmatiques.

1º Promesses pures et simples et sans terme.

2º Promesses à terme : c'est le cas le plus difficile : interprétation de volonté.

II. Promesses unilatérales.

§ 6. — *Des frais de vente.*

Droits et frais d'actes pour le notaire, l'enregistrement, etc. : 1593.

CHAPITRE II.

Qui peut acheter ou vendre.

I. Principes généraux. — Capacité ordinaire de contracter appliquée à la vente : 1594.

II. Régles exceptionnelles.

1º Incapacité respective des époux : 1595.

Motifs de cet article. Voy. 1094, 1096, 1098.

Application de la prohibition à la *dation en paiement* entre époux, si ce n'est dans les trois cas énumérés dans l'article, dont les deux derniers exigent des explications spéciales.

Sanction de cette prohibition des ventes et des dations en paiement entre époux.

Que faut-il penser de la validité des autres contrats *à titre intéressé* entre époux?

2º Incapacité spéciale de *vendre*, voy. 686, 711 et 715

Proc., 155, 176 Pén.; — 85 For. — Renvoi au *Droit commercial*, voy. not. 443 Com.

5° Incapacité spéciale d'*acheter* établie par l'art. 1596 contre les personnes chargées de vendre ou faire vendre le bien d'autrui. Voy. 450. — Les art. 911 et 1100 sont-ils applicables ? — caractère de la nullité prononcée par l'article 1596.

4° Incapacité spéciale d'acheter des droits litigieux : 1597. — Renvoi.

CHAPITRE III.

Des choses qui peuvent être vendues.

I. Règles *générales* posées par les art. 1598 et 1600.

II. Etude *spéciale* de la prohibition *moderne* de vendre la *chose d'autrui* : 1599.

1° Comparaison générale du système du Droit romain et de celui du Code civil.

2° Quel effet peut produire la vente de la chose d'autrui à l'égard du vrai propriétaire : 1165, 1582.

5° Quelle est la portée de la nullité prononcée par l'article 1599? Ce point donne lieu à de grandes difficultés et doit être résolu par des distinctions; — position du vendeur et de l'acheteur à cet égard.

4° *Quid* si le vendeur devient, après la vente, propriétaire de la chose d'autrui qu'il a vendue?

5° De la prescription en cette matière, selon l'action qui est intentée à l'occasion de la vente de la chose d'autrui : 1504, 2262, 2265, 2257, 1582.

6° La vente de la chose immobilière d'autrui déterminée dans son individualité, quoique *nulle* comme vente translative n'est pourtant pas entièrement destituée de tout effet juridique : 549, 550, 2265.

7° Comment appliquer l'art. 1599 à la vente de la chose *mobilière* d'autrui?

8° *Quid* de la vente d'une chose indéterminée dont le vendeur ne possède pas même l'*espèce*, lors du contrat ?

9° L'article 1599 n'atteindrait pas la convention analogue à la vente du Droit romain.

III. Du contrat ordinairement appelé *vente d'offices minis-tériels.* Voy. 1. 20 avril 1816, art. 91. L. 25 juin 1841, art. 6 et suiv. ; art. 2102 4°, etc.

CHAPITRE IV.

Des obligations du vendeur.

Aperçus généraux : voy. 1602 comp. à 1162 et 1603 : add. 1639. — Division du chapitre.

Section 1re. — DE LA DÉLIVRANCE, LIVRAISON (1634) OU TRADITION (1607) DE LA CHOSE.

I. Notion de la délivrance en cette matière : la loi s'occupe surtout ici de la *mise en possession* de l'acheteur, comme de l'une des obligations du vendeur, sans se préoccuper si le contrat de vente a été ou non *ab initio* translatif de propriété : comb. 1604 et suiv., 1138, 1583, 938 *in fine.*

1° Quand doit avoir lieu la délivrance : L. 14 ff. *de reg. jur.*, arg. 1610 *in pr.*

2° Que doit-on délivrer ? 1615 et 1616.

Les art. 1617 à 1623 s'occupent des cas où, dans une vente *d'immeubles*, la contenance *réelle* de l'objet vendu diffère de la contenance indiquée dans l'acte de vente : il y a diverses précisions à faire. — *Quid* pour les différences de mesure en matière de ventes mobilières ?

3° Dans quel état doit-on délivrer la chose ? 1614, 1624 comb. avec 1138, 1302 et 1245 ; — *quid* des fruits de la chose échus ou perçus depuis la vente ? 1614 comb. avec 1583 et 547.

4° Où doit avoir lieu la délivrance ? 1607 et 1247 2°.

5° Comment remplit-on l'obligation de délivrer ? Quant aux *immeubles et meubles corporels*, voy. les art. 1604, 1605 et

1606 qui admettent, outre la tradition par *livraison maté-rielle* de la chose, une tradition qui ne les expose pas néces-sairement. — Quant aux choses *incorporelles*, voy. 1607 renvoi.

6° Droit de l'acheteur si le vendeur manque, par sa faute (1137, 1147, 1148) de délivrer la chose au terme convenu : 1610 et 1611 ; mais il y a des cas où le vendeur peut, à bon droit, refuser ou retarder la délivrance : 1612, 1613 et 1188.

7° Frais de délivrance et d'enlèvement de la chose : 1608.

II. De la délivrance nécessaire et suffisante pour que l'ac-quéreur ait, à l'égard des tiers, la qualité de *possesseur*.

1° Quant aux immeubles, voy. l'utilité de cette délivrance et sa réalisation d'après les art. 2229 et suiv. cod. civ., 23 proc., 1605 et 1615 cod. civ.

2° Quant aux meubles, voy. 1141, 2279, 1606 §§ 2 et 3.

SECTION II. — DE LA GARANTIE.

Aperçu général de la matière : double objet de la garantie en matière de vente : 1625.

§ 1er. — *Garantie de la possession paisible de la chose.*

Aperçus préliminaires.

1° Obstacles à la paisible possession.

2° Fondement de la garantie sous ce rapport.

3° La garantie est de la *nature* (1626) et non de l'*essence* du contrat de vente (1627 et 1628).

4° Elle peut être exercée *par voie d'action* ou *par voie d'exception* : règle *quem de evictione tenet actio, eumdem agentem repellit exceptio.*

5° Division du §.

Art. 1er. — *Garantie contre le trouble apporté à la possession.*

1° Quand y a-t-il *trouble* caractérisé?

2° Que doit faire le vendeur comme garant ? 182 proc.

Art. 2. — *Garantie contre l'éviction.*

1° Notions de l'éviction, de ses diverses espéces et de ses causes. 1626.

2° Toute éviction donne-t-elle lieu à garantie ?

3° Mode d'exercice de l'*action* en garantie : mention spéciale de l'art. 1640.

4° Les suites garantiques de l'éviction dont le vendeur répond varient selon que l'éviction est *totale* ou *partielle* ou qu'elle est relative à des charges réelles imposées ou refusées à l'immeuble vendu.

N° 1. — *Eviction totale de la chose.*

I. A quoi le vendeur est-il légalement tenu comme garant envers son acquéreur immédiat ? 1630.

1° Restitution du prix ; — 1630 § 1. — 1631 et 1632. — *Quid* en cas d'une clause de *non garantie* ? 1629.

2° Remboursement des fruits que l'acquéreur a dû restituer à celui qui l'a évincé : 1630 § 2, 550.

3° Remboursement des frais auxquels l'acheteur peut avoir été condamné : 1630 § 3 cod. civ., 150 proc.

4° Frais et loyaux-coûts du contrat : 1630 § 4, 1147.

5° Dommages-intérêts : 1630 § 4 : 1633, comb. avec 1150, 1151. *Quid* en cas de stipulation de non garantie ? 1629. — Quant aux impenses faites par l'acquéreur, voy. 1634 et 1635.

II. De la garantie exercée par l'acquéreur *subséquent* d'un immeuble et qui en est évincé.

1° Peut-il attaquer, *omisso medio*, le vendeur originaire ?

2° Que peut-il lui demander ?

N° 2. — *De l'éviction partielle de la chose.*

I. L'éviction peut porter soit sur une *partie matériellement déterminée* de la chose, soit sur une *partie aliquote* seulement.

II. Conséquences ordinaires et extraordinaires de ces

évictions : 1636 ; les bases de l'indemnité, due en cas d'*éviction partielle*, sont posées par l'art. 1637, différemment de ce qu'elles le sont en cas d'éviction *totale* (1631).

N° 3. — *De l'éviction provenant de la charge de servitudes passives ou de la privation de servitudes actives.*

I. Garantie pour la souffrance de servitudes passives non déclarées à l'acheteur : — 1638. L. 23 mars 1855, art. 2.

1° Fondement de la garantie.

2° De quelles servitudes le vendeur est-il garant ?

3° Effets de la garantie : 1638, 1637 opp. à 1634.

II. Garantie pour des servitudes *actives* avec lesquelles le fonds a été vendu et dont il se trouve *privé*. — Règlement de cette éviction partielle.

III. Modifications conventionnelles de cette garantie.

Appendice au § 1er.

I. Exercice de la garantie entre l'acquéreur et les héritiers du vendeur ou entre les héritiers de l'acquéreur et le vendeur, ou enfin entre les héritiers respectifs de l'un et de l'autre : — question de la divisibilité ou de l'indivisibilité de l'*action* ou de l'*exception* de garantie.

II. De la prescription en matière de garantie de la possession paisible : voy. 2262 et 2257.

§ 2. — *Garantie des défauts de la chose vendue.*

I. Rappel des principes généraux concernant l'effet de l'*erreur* dans les conventions sur les *qualités* et les *défauts* de la chose qui a fait l'*objet* d'un contrat : 1110, 1146 et suiv., 1582.

II. Principes spéciaux aux contrats de vente, à l'occasion de certains défauts dont la chose vendue peut être infectée.

1° De quels défauts s'agit-il ? arg. 1641.

2° Nature de l'action en *garantie* ou plutôt en *réparation*, qui est ouverte à l'acheteur (1643) et qu'il ne faut pas confondre avec l'action en nullité pour *erreur* ou *dol* (1110, 1116 comp. 1304 et 1648). L'action pouvant aller jusqu'à faire rompre le contrat, on s'explique ainsi le nom de *vices rédhibitoires* donné à ceux dont il s'agit ici.

3° Comment déterminer si *tel défaut* rentre dans les caractères indiqués par l'art. 1641 ? — Voy. loi du 20 mai 1858 spéciale à la *vente des animaux domestiques*.

4° Suffit-il que le vice légalement caractérisé existe, pour que la responsabilité du vendeur soit encourue ? 1642 qu'il ne faut pas prendre à la lettre.

5° Exercice de l'action de l'acheteur.

Délai dans lequel il faut agir : 1628 ; voy. cep. l. du 20 mai 1838, art. 3, 4 et 6.

But alternatif de l'action ; voy. cep. l. du 20 mai 1838, art. 2 ; à quoi tend chacune de ses branches ? 1645, 1646 comb. avec 1150 et 1151.

6° Modifications conventionnelles de la garantie pour *vices redhibitoires*. Voy. 1643.

7° Qu'arrive-t-il si la chose périt avant l'expiration du délai fixé pour exercer le recours ? Précisions à faire selon la cause de la perte : 1647.

CHAPITRE V.

Des obligations de l'acheteur.

Aperçu général et indication des obligations de l'acheteur.

§ 1er. — *Payement du prix*.

C'est la principale obligation de l'acheteur : 1650.

I. Que doit-on payer à ce titre ? *Quid* des intérêts et à quel taux ? 1652 et loi du 5 sept. 1807, add. 2277.

II. Quand et où doit être payé le prix ? 1650, 1651 ; voy. cep. 1247 2°.

III. Dans quels cas l'acheteur est-il autorisé à suspendre le payement du prix, au moins en capital ? 1653 comb. avec 1599, 2279 2°.

IV. Droits du vendeur non payé.

Il ne sera question ici que de l'action résolutoire accordée par l'art. 1654. Renvoi au titre des *priviléges et hypothèques*, de ce qui regarde le *privilége* du vendeur non payé. Voy. 2102, 2103; add. art. 7 de la loi du 23 mars 1855.

1° Notion théorique et historique de l'action en résolution.

2° Comment est produite la résolution du contrat? 1655, 1656 et 1159 comb. ; — règles spéciales au cas où l'action doit réagir à l'égard des tiers sous-acquéreurs, etc. : — précautions à prendre par le vendeur d'immeubles, pour conserver son action résolutoire dans les cas de revente de l'objet sur la tête de l'acheteur par voie d'expropriation forcée (717 2° et 6° proc.), et dans d'autres cas, assimilés à celui-là (838 8° proc.), ou même en cas de revente volontaire d'un immeuble (l. 25 mars 1855, art. 7).

3° Effet de la résolution entre les parties et vis-à-vis des tiers sous-acquéreurs. Voy. 1183, 2279, 2125 2192 § 2, etc.

4° De la prescription en cette matière : 2262, 2265, 2257, 2279.

§ 2. — Prise de livraison de la chose.

Quand l'acheteur doit-il prendre livraison? *Quid* s'il met du retard dans l'accomplissement de cette obligation? En matière immobilière? Voy. 1139, 1147, 1264, 1184 comb. En matière mobilière? Voy. 1657 et 1184 § 2.

§. 3. — Remboursement des frais faits pour la conservation de la chose vendue (1375).

§ 4. — Payement des frais d'actes (1593).

CHAPITRE VI.

De la nullité et de la résolution de la vente.

Insuffisance de la rubrique de ce chapitre du Code. — De quoi il est ici question : 1658. — Division du chapitre.

Section 1ʳᵉ. — **De la résolution de la vente par l'exercice de la** *faculté de rachat*, ou, **de l'effet de la** *clause de réméré*.

I. Qu'est-ce que la faculté de rachat? Voy. 1659 : observations terminologiques. — Soupçon et défaveur qui sont ordinairement attachés à cette clause.

II. Conditions de validité du pacte de rachat.

1º En quel temps il doit être formé.

2º Pour quel délai : 1660 et 1661. — *Quid* de la prorogation conventionnelle jusqu'au délai légal, d'un terme de rachat d'abord fixé à une durée moins longue?

III. Position des parties avant l'expiration du terme fixé pour le rachat. Voy. 1664, 2125, 1665, 1751, etc.

IV. Exercice du *rachat* ou *réméré*.

1º Qui peut l'exercer : explication de l'art. 1666 comb. avec 1166 et 2170 *infrà*.

2º Exercer dans le délai prescrit : 1662. — Contre quelles personnes ce délai court-il ? 1665.

3º Cas spécial d'exercice du rachat, lorsque l'acquéreur d'une partie indivise d'un immeuble en est devenu propriétaire pour la totalité ; 1667.

4º Obligations générales du vendeur rachetant : 1673.

5º Obligations de l'acheteur contre lequel le retrait est exercé : 1183 § 1. — *Quid* si l'acheteur avait aliéné à son tour la chose mobilière ou immobilière? 2279, 1664; *quid* des charges et baux qu'il a consentis pendant la durée de son droit résolu? 1673, 2125, etc.

V. Les art. 1668 à 1672 s'occupent des cas où plusieurs propriétaires ont vendu à réméré un objet indivis entre eux et de celui où l'une ou l'autre des parties, vendeur ou acheteur, est morte en laissant plusieurs héritiers.

VI. Notion générale du *contrat pignoratif,* qu'il ne faut pas confondre avec la *vente à réméré.* Renvoi pour les détails.

SECTION II. — DE LA RESCISION DE LA VENTE POUR CAUSE
DE LÉSION.

I. Rappel des effets ordinaires de la lésion sur la validité
des contrats : 1118. — Règle spéciale au contrat de vente :
historique du sujet : ll. 2 et 8 Cod. *de rescin. vindit.* ;
— ancien Droit français ; — légistion transitoire ; — Code
civil.

II. Au profit de qui la loi autorise-t-elle la rescision pour
cause de lésion ? 1674, 1683. Peut-on y renoncer dans l'acte
de vente ? 1674.

III. Quelle est la quotité de la lésion exigée par la
loi ? 1674 et 1675.

IV. Exercice de l'action en rescision.

1º Dans quel délai ? 1676 § 2. — Le § 3 de cet article
mérite attention, pour comprendre que le *vendeur à réméré*
peut avoir intérêt à agir en *rescision pour lésion.*

2º Moyen qu'a l'acheteur d'arrêter l'action en rescision :
arg. 1681 : portée *légale* de cette faculté.

3º Quand et comment doit être faite la preuve de la lésion :
1677, 1678 comb. avec 303 et 323 pr., 1680, 1679.

V. Effets de la rescision.

1º Vis-à-vis de l'acheteur. Voy. 1182 § 1, voy. cep. 1593,
1681 et 1682.

2º Vis-à-vis des tiers sous-acquéreurs ou concessionnaires :
2182 § 2, 2125, etc.

VI. Comment appliquer les règles précédentes au cas de
plusieurs vendeurs ou acheteurs : 1685, 1668 et suiv.

CHAPITRE VII.

Du transport ou de la cession des créances et autres droits incorporels.

I. Tous les droits sont incorporels : comment expliquer le
pléonasme de la rubrique de ce chapitre ?

II. Lacunes de ce chapitre : — les remplir en indiquant :

1° Ce qu'on doit entendre par *cession* (*S. str.*) ; 2° quels sont les droits susceptibles ou non d'être cédés. Voy. 631, 634, 841, 450, etc.

III. Règles générales des contrats, applicables à la cession : — explic. des art. 1689 et 1695, qui ne sont pas spéciaux à la cession des créances.

IV. Division du chapitre.

§ 1. — *Transport ou cession des créances ordinaires.*

I. En quel sens un *droit de créance* est susceptible de *cession.* Voy. Gaius, Comm. 2 § 38, art. 1692.

II. Comment le résultat de la cession est-il atteint?

1° Entre le cédant et le cessionnaire.

2° A l'égard du débiteur et des tiers, c'est-à-dire, des personnes *directement* intéressées, sous des titres divers, à connaître ou à contester la créance cédée : voy. 1690 et 1691 : add. 1295. — *Quid* pour les créances établies sous la forme d'un *titre au porteur* (voy. 2279), ou d'un titre susceptible d'être *endossé* (131, 281 Com.).

Les *quittances* sous seing-privé du cédant au débiteur sont-elles soumises à l'art. 1328?

3° Règles spéciales de l'art. 2 n° 5 et de l'art. 9 de la loi du 25 mars 1855, concernant certaines cessions particulières : Renvoi.

III. Obligations garantiques du cédant.

1° De la garantie *de droit* et de son étendue : 1693, 1694 ; l'art. 1252 *in fine* serait-il applicable, en cas de cession partielle, et de concours du cédant et du cessionnaire partiel, si les fonds sont insuffisants pour les payer l'un et l'autre? — Stipulation de *non-garantie* : 1629. — Cession *aléatoire.*

2° De la garantie *de fait* : 1694, 1695. — Interprétation de certaines clauses plus ou moins usitées en cette matière.

IV. Comparaison de la *cession* des créances avec divers autres actes juridiques qui ont, avec elle, plus ou moins d'analogie.

§ 2. — *Cession de droits successifs.*

I. Notion de ce genre de cession et de son objet.

II. Quels droits confère une telle cession? L. 2 § 1 *ff. de hered. vend.* Voy. 1697. 1698 : comprend-elle l'*accroissement* légal attribué *à la part* du cédant, en cas de répudiation de ses cohéritiers ou de caducité des legs faits à ses colégataires?

III. A quelle garantie est tenu le vendeur? 1696 : clauses modificatives.

IV. Obligations de l'acheteur.

V. La cession de droits successifs est-elle soumise à la rescision pour lésion? Voy. 888, 889, 1674.

VI. Rappel du *retrait successoral* : 841.

§ 3. — *Cession de droits litigieux.*

I. Notion de cette variété de cession : spécialité des règles la concernant. Ses conditions générales de validité.

II. Faculté accordée à celui contre lequel on a cédé un droit litigieux, sous le nom de *retrait litigieux.* — L. 22 *Per diversas* et 23 *Ab Anastasio. Cod. Mandati.* — Art. 1699 et suiv.

1° Quels sont les *droits litigieux* dont il s'agit ici : 1700 et arg. 1701 § 3.

2° Qui peut exercer le retrait.

3° Dans quel délai et à quelles conditions.

4° Effets du retrait sur les obligations du cessionnaire envers le cédant.

5° Cas où le retrait ne peut avoir lieu : 1701.

III. Explication de l'art. 1597, concernant la prohibition faite à quelques personnes de se rendre cessionnaires de *certains droits litigieux.*

1° Quels droits sont ici considérés comme *litigieux.*

2° Quelles personnes sont atteintes par la prohibition.

3° Sanction de la prohibition.

4° Les exceptions de l'art. 1701 sont-elles applicables ?

APPENDICE AU TITRE **de la Vente**.

Règles exceptionnelles de diverses espèces de vente.

I. Le caractère de vente *forcée* ou *par expropriation* modifie-t-il l'obligation de garantie relative à la contenance ou à l'éviction? 717 §§ 1, 2 et 5 Proc.

II. Le caractère de vente *publique* ou *aux enchères* a-t-il quelque influence sur la garantie pour la contenance, l'éviction, les vices cachés, sur la rescision pour lésion et sur la résolution faute de payement du prix? 1649 et 1684 Cod. civ.; 755, 964, 972, 988, 997 Proc.

III. Spécialités sur la *licitation* : 1686 à 1688; loi du 25 mars 1855, art. 1 § 4, 966 à 985 Proc.

IV. Spécialités sur l'*expropriation pour cause d'utilité publique* : renvoi à la loi du 3 mai 1841 comb. avec le Sénatus-consulte du 18 décembre 1852; mentionner les art. 13, 17, 18, 19, 29, etc., de la loi de 1841.

TITRE VII. — DE L'ÉCHANGE.

I. Notion du contrat d'Échange comparée à celle de la vente : 1702. — Coup d'œil historique. — De l'échange avec soulte.

II. Renvoi au titre *de la vente*, pour les règles auxquelles celui de l'*échange* ne déroge point : 1707, 1703 et 1584 : Loi du 23 mars 1855, art. 1, 2 et 3.

III. Régles spéciales.

1° Cas où l'un des copermutants a reçu en échange une chose qui n'appartenait pas à celui qui l'a livrée ; comb. 1599, 1704, 1705.

2° *Quid* de la rescision pour cause de lésion ? 1706.

TITRE VIII. — DU CONTRAT DE LOUAGE.

APERÇUS PRÉLIMINAIRES.

I. Notion très-générale du contrat de Louage.

3

II. Diverses espèces de louage qui rentrent dans cette notion : 1708, 1709, 1710, 1711, 1800. — Observations terminologiques.

III. Nature juridique de ce contrat, quelle que soit sa variété.

IV. Renvoi au *Droit administratif* pour les baux de biens appartenant à des *personnes morales* : 1712.

V. Division du titre.

CHAPITRE PREMIER.

Du louage des choses.

Aperçus généraux.

I. Étude spéciale de la notion du *louage des choses*, d'après l'art. 1709. Nature du droit du preneur ; renvoi de 1743 ; — durée limitée des baux ; — prix du louage ; — nature des obligations qui en résultent.

II. Portée économique de ce contrat ; — coup d'œil historique.

III. Quelles choses peut être la matière du louage : 1713, 595. Voy. cep. 1130, 631, 634, 1784, etc.

IV. Le code n'a réglé que le louage des *maisons* et des *biens ruraux* : comment est réglé tout autre louage ?

V. Division du chapitre.

Section I. — Règles communes aux baux des *maisons* et des *biens ruraux*.

Division de la section.

§ 1er. — *De la capacité en matière de bail.*

I. Capacité pour donner à bail.

1° Droit commun : 544.

2° Règles exceptionnelles : voy. 481, 1448, 1576, 1536, 1718, 1429, 595, 1673.

II. Capacité pour prendre à bail. — Voy. 1124 ; voy. cep. 484, 217, 450 3°, arg. 1596.

§ 2. — *Preuve du bail et des stipulations qui l'accom-
pagnent.*

En principe, aucune forme extérieure n'est requise pour la
validité du contrat (art. 1714); mais, par de sages motifs, la
loi a posé des règles spéciales à la *preuve des baux de maisons ou de biens ruraux, soit écrits, soit verbaux.*

I. Baux constatés par écrit : 1317, 1325, etc.

II. Baux verbaux.

1° Aveu de la partie : 1356 et 1355.

2° En l'absence d'aveu, voy. 1715 et 1716.

Quant à la *preuve testimoniale* et aux *présomptions simples*, distinguer si le bail n'a reçu aucune exécution, ou bien
si cette exécution a commencé. Ce fait, une fois éclairci, s'il
n'y a pas eu exécution, voy. 1715 comb. avec 1347 et 1348;
s'il y a eu commencement d'exécution, distinguer encore si
la contestation porte ou non sur le prix : voy. 1716 et 1341
et suiv.

Quant à l'interrogatoire destiné à provoquer un aveu, voy.
1715 § 2 comp. à 324 Proc.

Quant au serment, voy. 1358 comb. avec 1715 et 1716.

III. Des *promesses de louage*, avec ou sans arrhes : —
voy. arg. 1589, 1590 et 1715 § 1 *in fine.*

§ 3. — *Des obligations du bailleur.*

Aperçu de ces obligations : 1719 et 1721 : - - division
du §.

Art. 1er. — *Obligation de* DÉLIVRANCE.

I. Que doit délivrer le bailleur et en quel état la chose
doit-elle être ? 1709, 1720 § 1.

II. Quand et aux frais de qui la délivrance doit avoir lieu.

III. Sanction de cette obligation.

Art. 2. — *Obligation d'*ENTRETENIR *la chose en état convenable.*

Voy. 1709, 1720 § 2; voy. cep. 1754, renvoi.

Art. 3. — *Obligation de* MAINTENIR *le bailleur dans sa* JOUISSANCE PAISIBLE *de la chose.*

Base de cette obligation : 1154, 1709, 1719 3º.

I. Le bailleur ne doit pas lui-même *troubler* le preneur. Voy. 1723, 1724.

II. Le bailleur doit faire cesser le trouble, venant au preneur de la part d'autrui. Voy. 1725, 1726, 1727 : add. arg. 1629 et suiv., 1640.

III. Perte *totale ou partielle* de la chose par *cas fortuit* ou *empêchement de jouir* par *force majeure* : 1722 comb. avec 1302 : add. 1154 §§ 1 et 2.

Art. 4. — *Garantie des* DÉFAUTS DE LA CHOSE.

§ 4. — *Des obligations du preneur*.

Aperçu général de ces obligations. — Division du sujet.

Art. 1er. — *Des obligations du preneur dans la* JOUISSANCE *et l'*USAGE *de la chose.*

I. On doit ici étudier successivement : 1º le *mode de jouissance* du preneur, et 2º la *mesure de sa diligence* dans la garde de la chose. Voy. à cet égard, les art. 1728 1º, 1729 et 1732 à 1735 ; il faut surtout faire attention aux art. 1733 et 1734 relatifs à la responsabilité du preneur, en cas d'incendie : ces articles exigent plusieurs explications soit sur leur sens véritable, soit sur les motifs rationnels et juridiques qui leur servent de base, soit sur leur combinaison avec les règles du droit commun. Voy. 1147, 1302, 1202, 1213, 1214 et 1216 : on a voulu appliquer ces articles exceptionnels, hors des cas qu'ils ont prévus.

II. Réparations *locatives* à la charge du preneur : Renvoi des détails.

Art. 2. — *Obligation de* PAYER LE PRIX.

I. Voy. 1728 2º comb. avec 2102 1º Cod. civ. et 819 Proc.

II. Quand doit être payé le prix? 1728 2°. — Des *paiements par anticipation* : 1186, 1187, 1167, l. du 23 mars 1855, art. 2 5°.

III. Le preneur peut-il retenir, sur le prix, le montant de la contribution foncière qu'il aurait payée à la décharge du bailleur? L. 4 frim. an VIII, art. 147. — *Quid* pour la contribution des portes et fenêtres ? Eod., art. 12.

Art. 3. — *Obligation de* RENDRE *la chose à la fin du bail.*

Voy. 1730 et 1731 comb. avec 1719 2° et 1720.

Appendice au § 4.

De la sous-location et de la cession du bail.

I. Faculté de *sous-louer* et de *céder* le bail.

1° Sens de cette double faculté.

2° Effets de son exercice entre le bailleur et le preneur principal : 1165 ; voy. cep. 1735.

3° Effets entre le bailleur originaire et le *sous-locataire* ou le *cessionnaire.*

4° Effets entre le preneur originaire et le *sous-locataire* ou le *cessionnaire.*

II. Interdiction de *sous-louer* et de *céder* : 1717 §§ 1 et 2 : interprétation et suites des clauses ayant cet objet.

§ 5. — *De la cessation du bail.*

Diverses causes la procurent.

Art. 1ᵉʳ. — *Expiration de la durée du louage.*

I. La durée du bail peut avoir été fixée par les parties, comme elles peuvent avoir gardé le silence à ce sujet, alors même que le bail serait constaté par écrit : 1736 et 1737 rectif. — En l'absence de conventions à ce sujet, il y a des règles distinctes (*infrà*), selon que le bail est d'une maison ou d'un bien rural : Renvoi.

Si le preneur ne veut pas vider les locaux, comment s'y prendre ?

II. De la *tacite reconduction*.

1° Ce que c'est : arg. 1738, 1740.

2° A quelles conditions est censée faite la tacite reconduction : arg. 1759; voy. cep. 1738, 1736 et 1740.

3° Ne peut-on pas empêcher la tacite reconduction et comment? 1739.

4° De la tacite reconduction en matiére de louage de meubles.

Art. 2. — Causes qui mettent fin au louage, autrement que par l'expiration de sa durée.

On signalera seulement ici les causes suivantes :

1° *Perte totale ou équivalant à la perte totale* de la chose louée : 1722, 1741 ; voy. cep. 1147 : add. 1724 §§ 2 et 3.

2° Effet d'une *condition résolutoire stipulée* dans le contrat : voy. 1744, 1761, 1762, etc.

Observations sur les baux fréquemment passés pour *trois, six* ou *neuf* ans.

Effet de la condition *résolutoire sous-entendue* dans le bail, à cause de son caractère de contrat synallagmatique : 1184, 1741 § 2.

5° Quelle est l'influence de l'*éviction du bailleur ou de la résolution de ses droits*, sur les baux qu'il a consentis, pour une durée plus ou moins longue? Voy. 1673, 595, 1429, 1430, 1718, etc.

Appendice au § 5.

N° 1. — *De la mort des parties.*

I. Quel est l'effet de la *mort des parties* sur le contrat de louage de choses? 1742 comp. à 1795, renvoi. — Une convention spéciale peut déroger aux dispositions de cet article; mais alors il reste à savoir si, le cas de décés prévu étant arrivé, le bail prend fin immédiatement? Voy. 1759. 1774.

N° 2. — *De l'aliénation de la chose louée faite par le bailleur.*

Les art 1743 à 1751, qui s'occupent de ce cas, autrefois réglé par la loi *Emptorem, 9, Cod. de locato,* méritent une attention particulière, et donnent lieu à plusieurs questions : Add. l. 23 mars 1855, art. 2, et art. 684 Proc.

SECTION II. — RÈGLES PARTICULIÈRES AUX BAUX *des maisons* ou *baux à loyer.*

Division de la section.

§ 1er. — *Sûretés à fournir par le locataire pour garantir le paiement du prix.*

1° Voy. 1752 comb. avec 2102 1°.

2° Application à la sous-location : 1753 Cod. civ., 820 Proc.

§ 2. — *Des réparations* LOCATIVES *ou de* MENU ENTRETIEN.

1° Énumération : 1754 ; voy. cep. 1756.

2° La présomption de faute du locataire n'exclut pas la preuve contraire : 1755.

3° Conventions particulières à cet égard.

§ 3. — *De la durée des baux à loyer.*

I. Fixation conventionnelle.

II. Absence de convention à cet égard : voy. 1736 : — Du *congé* dénoncé par l'une ou l'autre partie.

III. De la *tacite reconduction* en cette matière : 1759 : add. 1759 et 1740.

IV. Cas spéciaux des art. 1757 et 1758.

§ 4. — *Résiliation des baux à loyer.*

I. Résiliation par la faute du locataire : 1760 à éclaircir.

II. Le bailleur peut-il, en principe, résoudre le louage pour habiter lui-même les locaux loués ? Voy. l'art. 1761, comparé à la loi *Æde, 3, Cod. de Locato,* et à l'ancienne jurisprudence sur ce point. — Des stipulations contraires aux dispositions précédentes : 1750 *in fin.* et 1762.

SECTION III. — RÈGLES SPÉCIALES AUX BAUX DE biens ruraux ou baux à ferme.

Division de la section.

§ 1. — *Différence entre la contenance déclarée et la contenance réelle des biens affermés.*

L'art. 1765 renvoie sur ce point aux art. 1617 et suiv. du titre *de la Vente.*

§ 2. — *Obl'gations spéciales du fermier.*

I. Quant à la conservation de la chose, voy. 1766 comb. avec 1728 1°, 1729, 1184 : add. 1768. — *Quid* des réparations *locatives* à faire soit à la terre, soit aux bâtiments ruraux ?

II. Sûretés à fournir par le preneur : 1766 comp. à 1752 et comb. avec 2102 1° : add. 1767.

§ 3. — *Remise des fermages pour cause de perte dans les récoltes.*

Les art. 1769 à 1775 s'occupent de l'influence que peut exercer sur l'obligation de payer les fermages, la perte, par cas fortuit, de tout ou partie des fruits de la chose affermée.

1° Base équitable de la loi à cet égard : comb. 1709, 1719 et 1721.

2° Quotité de la perte que doit avoir essuyée le fermier pour être déchargé de partie du fermage : 1769 et 1770 : L. 25 § 6 ff. *Locati.* — Son appréciation *dans sa cause,* — d'après l'époque où elle a lieu— et d'après son *étendue.*

3° Remise à accorder au fermier.

4° *Quid* du bail fait pour une année seulement? 1770. *Quid* du bail fait pour plusieurs années ? 1769.

5º Conventions spéciales sur les cas fortuits à cet égard :
1772 et 1773.

§ 4. — *Durée du bail à ferme.*

I. Fixation conventionnelle.
II. En l'absence de convention : 1774 comp. à 1736.
III. De la tacite reconduction en cette matière : 1776.

§ 5. — *Obligations transitoires à l'occasion de l'expiration du bail.*

Voy. les art. 1777 et 1778.

§ 6. — *Du bail à* colonage partiaire *ou à* métairie.

I. Mention de ce contrat en plusieurs articles : voy. 522,
585, 1829, etc.
II. Nature de ce contrat : — les règles du *bail à ferme*
lui sont applicables en l'absence de dérogations spéciales :
voy. 1763, 1764, 1771.

APPENDICE AU CHAPITRE PREMIER.

Variétés de baux immobiliers ne rentrant pas dans les règles précédentes.

I. Des baux *emphytéotiques*.
Notion et histoire de ce contrat ; — silence du Code, comparé à la loi des 18-29 décembre 1790, art. 1er : ce qu'il
faut en conclure : — conditions de validité du bail emphytéotique ; — droits et obligations en résultant ; — causes qui
y mettent fin.
II. Du bail *superficiaire*.
Comparaison avec le précédent.
III. Quelques mots sur les baux suivants : 1º bail à *rente*
foncière ou à *locatairie perpétuelle* ; — 2º bail à *champart* ;
— 3º bail à *complant* ; — 4º bail à *domaine congéable* ou à
rente convenancière.

CHAPITRE II.

Du louage d'ouvrage ou d'industrie.

Trois variétés de ce louage : 1779.

Aperçu général. — Division.

I. Louage des *domestiques et ouvriers journaliers* : 1780 et 1781, qu'il faut compléter par les principes du droit commun et par quelques lois spéciales (Voy. not. L. 24 juin 1854, L. 9 septembre 1848, L. du 22 mars 1841, L. du 22 février 1851, etc.).

II. Louage de services par autres que domestiques ou ouvriers. — Quelques-unes, mais non la totalité, des règles précédentes sont ici applicables.

III. Renvoi pour les cas de promesse d'un service *libéral* et non *manuel*.

SECTION II. — DU LOUAGE DES VOITURIERS PAR TERRE ET PAR EAU, ou DU *louage de transport*.

I. Notions générales.

II. Formation et preuve du contrat : 1341 et suiv. Voy. 1782 *in fin*.

III. Obligations civiles résultant du contrat.

1° Obligations du voiturier pour le transport des *personnes* et des *choses*. Voy. pour celles-ci, 1782 comb. avec 1137, 1952 à 1954 comp. à 1927, 1783 à 1785, 1142, 1166 *in fin*. 1148.

2° Obligations de l'*expéditeur* et du *voyageur*.

SECTION III. — DU LOUAGE PAR MARCHÉS ET DEVIS.

I. Notions générales.

1° But de ce contrat ; sa différence avec le *marché-achat*.

Voy. Instit. *de locat. conduct.*, § 4 : 1711 § *pen.* comb. avec 1807.

2° Explications terminologiques.

3° Idée générale des rapports juridiques résultant du contrat *d'entreprise* : 1165. Voy. cep. 1798 comp. à 1166. — Add. 1799.

II. Formes du contrat de louage d'ouvrage et sa preuve.

III. Obligations respectives des parties.

1° Obligations de l'ouvrier ou entrepreneur, pour la confection et la bonne exécution de l'ouvrage : arg. 1257, 1142, 1584, 1797.

Garantie spéciale due par les architectes et entrepreneurs de constructions : 1792 à comb. avec 2270 : il y a ici plusieurs détails pratiques à signaler.

2° Obligations du maître. — 1134; voy. spécial. 1793.

3° Les art. 1788 à 1790 inclus règlent les conséquences de la perte de l'ouvrage avant qu'il ait été reçu par le maître, — selon qu'il n'y a eu que *marché-louage* ou que le contrat a été un *marché-vente*. Voy. le cas spécial de l'art. 1791.

IV. Causes spéciales de résolutions du contrat de *louage d'ouvrage*, outre les causes générales dérivant du droit commun.

1° Cas de mort de l'*ouvrier* ou *entrepreneur*. Voy. 1795 (comp. à 1742, et comb. avec 1257) et 1796.

2° Résiliation facultative pour le maître : 1794 comp. à 1134-2° et comb. avec 1149.

APPENDICE AU CHAPITRE II.

DU CONTRAT D'APPRENTISSAGE.

Commentaire abrégé de la loi du 22 février 1851.

CHAPITRE III.

Du bail à cheptel.

Aperçus généraux.

1o Notion de ce contrat (1800 et 1711).

2o Quels animaux peut-on donner à cheptel? 1802.

5o Diverses espèces de baux à cheptel : 1801.

I. DU CHEPTEL SIMPLE OU ORDINAIRE (1801-2o).

1o Notion : 1804.

2o Formes du contrat; précautions à prendre lorsque le preneur ou cheptelier est fermier d'autrui : 1815, 2102-1o comb.

5o Obligations du bailleur : *faire jouir* et *garantir* le preneur : — sur qui réside la propriété du fonds de bétail, donné à cheptel, estimé ou non? 522, 1805 ; conséquence pratique : 1810 § 1, 1807 ; voy. cep. 1804 *in fine*, et 1810 § 2 *in fine*.

4o Obligations du preneur : 1806 à 1809.

5o Droits respectifs des parties sur les *profits* : 1804 et 1811 4o, 6o et 7o, 1814.

6o Règlement des profits à partager et des pertes à supporter en commun : 1810.

7o Limites au droit de disposer des têtes du troupeau, soit du fonds, soit du croît : 1812 comb. avec 2279.

8o Fin du bail à cheptel; de l'expiration de sa durée en particulier : 1815. Peut-il y avoir lieu ici à *tacite reconduction*? — Demande en résolution pour inexécution des obligations : 1816 et 1184 ; — règlement final des parties, d'après l'art. 1817.

9o L'art. 1811 a cru devoir, dans l'intérêt des chepteliers, interdire certaines clauses contraires aux règles légales précédentes.

II. DU CHEPTEL A MOITIÉ.

Voy. le texte des art. 1818 à 1820, et comparez ce bail avec le cheptel simple.

III. Du cheptel donné par le propriétaire a son fermier, ou *cheptel de fer*.

Voy. les art. 1821 à 1825 sur ce cheptel; pourquoi est-il nommé *cheptel de fer?* Voy. 1821, 1822 et 1825. — Quant aux droits respectifs des parties, voy. les art. 1823 et 1824.

IV. Du cheptel donné au colon partiaire.

Voy. les art. 1826 à 1830.

V. Du contrat improprement appelé cheptel.

Voy. 1831.

TITRE IX.

DU CONTRAT DE SOCIÉTÉ.

APERÇUS GÉNÉRAUX.

1° *Notion* du contrat de société : 1832 : son importance. — Il ne s'agit ici que des *sociétés civiles*, qui, sans être aussi fréquentes que les *sociétés commerciales*, ne sont cependant pas tout-à-fait rares.

2° *Conditions essentielles* à l'existence du contrat de société : outre les règles ordinaires relatives à l'*essence* de tout contrat, voy. 1832, 1833 et 1855.

3° Les *caractères juridiques* de ce contrat, le représentent comme consensuel (arg. à contr. de 1834), synallagmatique (1184, 1325) et commutatif (1833, 1855, etc.).

4° *Effets immédiats* qui résultent de la formation d'un contrat de société : — distinction des *associés* comme *individus*, et de la *société* comme *unité* : celle-ci forme-t-elle, suivant le droit civil, une *personne morale* ou *juridique* proprement dite? question grave et controversée. — Où est le *domicile* d'une société civile? 59 § 5 par oppos. à 69 § 6 Proc.

6° *Diverses espèces* de sociétés : 1835. — Notions générales des *sociétés universelles* : 1836, 1837 et 1526 comb.) et des *sociétés particulières* (Voy. 1841 et 1842).

7° Division générale de la matière.

CHAPITRE PREMIER.

Règles de validité du contrat de société.

SECTION Ire. — CONDITIONS DE VALIDITÉ POUR TOUTE SOCIÉTÉ
EN GÉNÉRAL.

Indépendamment de l'application des règles concernant la validité de tout contrat, celui de Société requiert des conditions particulières, concernant :

1° La *personne* des associés : application de l'art. 1110 § 2. Voy. 1861 : *des Croupiers* ; renvoi.

2° L'*objet* et le *but* de la société : 1833 § 1.

3° La *mise respective* : 1833 § 2 ; arg. 1845 § 2, 1851, 1867, etc.

4° Les conventions relatives à la *répartition du profit et de la perte*, lorsque les parties n'ont pas voulu s'en remettre à la fixation légale (1853). Voy. l'art. 1855 contre les *sociétés léonines*.

5° La *forme* du contrat de société et sa *preuve* : 1834 comb. avec 1341 et 1347. — Rappel de 1325 et de 854.

SECTION II. — RÈGLES SPÉCIALES SUR LA VALIDITÉ ET L'INTERPRÉTATION DES CLAUSES QUI ÉTABLISSENT DES SOCIÉTÉS UNIVERSELLES.

1° Une société *universelle* ne doit s'entendre, sous le Code civil, que dans un sens restreint. Voy. 1837 § 2, 1526.

2° Interprétation légale, et sauf convention contraire, dans les limites ci-dessus de ce qu'on est censé avoir voulu faire entrer dans la société de *tous biens présents* (1837) ou dans la société *universelle de gains* (1858) : quelle est, dans le doute, la société *universelle* que les parties sont censées avoir adoptée (1839).

3° Règle de capacité posée par l'art. 1840.

4° Les art. 1837 et 1838 n'ont point dit si et comment les sociétés, dont ils s'occupent, doivent supporter le passif du patrimoine de chaque associé.

CHAPITRE II.

Engagement des associés.

Quand commence la société et quelles sont les règles générales sur sa *durée?* Voy. 1843, 1844, 1869 et 815 comb. — Division du chapitre.

SECTION Ire. — RAPPORTS DES ASSOCIÉS ENTRE EUX.

Division de la section.

§ 1. — *De la réalisation des apports.*

1º Chaque associé est, envers ses associés, débiteur de l'apport promis : 1845 § 1.

2º Quand doit-il le réaliser?

3º En quoi consiste cette réalisation des apports? Cela exige plusieurs précisions : voy. arg. 1845 § 2, 1846 et 1847.

4º Conséquences du retard ou de l'inexécution dans la réalisation des apports : 1847 et 1846, comparé à 1153 5º. Voy. not. 1845 § 2, dont les termes paraissent trop restreints.

5º Aux risques de qui sont les choses apportées en société? Voy. 1138, 1302, 1845 § 1, 1851, 1867 : renvoi.

§ 2. — *Du fonds social, de son administration et de sa jouissance.*

Aperçu général à ce sujet : De la division en *actions* du capital d'une société civile : mention de la loi du 17 juillet 1856.

Après cela, il faudra entrer dans quelques détails :

I. *A défaut de stipulations sur le mode d'administration,* voy. l'art. 1859, §§ 1, 3 et 4 : règle *in re pari, melior est causa prohibentis* (L. 28, ff. *communi dividundo*); son application pratique.

Dans le même cas d'absence de stipulations sur le *mode d'usage* des choses communes, voy. l'art. 1859 § 2, complété par 1846 §§ 2 et 5. — *Quid*, en cas pareil, de la prohibition portée par l'art. 1860?

II. *Cas où la convention a fixé le mode d'administration*, voy. les art. 1856, 1857 et 1858, complétés par les art. 1154 et 2004 comb.; il y a ici plusieurs questions à résoudre : — add. 1988 comb. avec 1860.

Quelle est, dans ces cas, la position des associés *non administrateurs?* voy. encore 1860 comb. avec 2279.

La loi n'a rien dit concernant les *stipulations sur le mode d'usage* du fonds social; voy. 1154.

III. *Mesure de la diligence* que chaque associé doit apporter à l'administration et à l'usage de la chose commune, 1850 comb. avec 1382 et 1137; voy. L. 72, ff. *pro socio* : add. les art. 1846 § 2 déjà vu, 1848 qu'il faut rapprocher de 1253 et 1256, et l'art. 1849 dont il ne faut pas exagérer la portée.

IV. La société ne doit pas s'enrichir aux dépens des associés; voy. à cet égard, l'art. 1852, qui mérite attention.

§ III. — *Bases du règlement des parts dans les profits et pertes.*

Les art. 1853 à 1855 contiennent sur ce point des régles, dont quelques-unes ont autrefois donné lieu à de vives controverses, et qui, sans avoir tout prévu, sont destinées à suppléer à l'absence des stipulations particulières, que les associés peuvent insérer dans l'acte de société, sauf à ne pas transgresser les prohibitions de la loi : ces articles exigent quelques observations.

SECTION II. — RAPPORTS DES ASSOCIÉS AVEC LES TIERS.

Il peut évidemment y avoir des dettes contractées envers des tiers par la *société* ou par l'ensemble des associés et qu'on nomme *dettes sociales* (1862); or, les associés en sont tenus.

Dans quels cas les associés sont-ils ainsi engagés? 1862

et 1864 *in pr.;* voy. cep. 1859, 1864 *in fin.* et 1375. —
Y a-t-il solidarité entre eux? (1862 et 1863).

Quid des *créances sociales?*

APPENDICE AU CHAPITRE II.

L'application des règles précédentes reçoit plusieurs modifications, soit vis-à-vis de la société, soit vis-à-vis des tiers, en cas d'*existence d'un ou de plusieurs croupiers.*

CHAPITRE III.

De la fin des sociétés civiles.

Il faut examiner ici : 1° quelles sont les *causes* qui amènent la fin de la société; 2° quelles sont les suites de cette cessation.

Section 1re. — DES DIFFÉRENTES MANIÈRES DONT FINIT LA SOCIÉTÉ.

I. L'art. 1865, modifié par la loi du 31 mai 1854, énonce d'une manière générale, et sans les renfermer toutes, les principales causes qui mettent fin à la société.

II. Les articles suivants apportent en outre quelques modifications ou restrictions à ce que le précédent paraît avoir d'absolu au premier abord.

Ainsi, 1° quant à *l'expiration du terme* pour lequel la société est contractée, voy. l'art. 1871, comb. avec 1184 : add. 1866, comb. avec 1834.

2° Au sujet de la *perte de la chose*, voy. l'art. 1867, dont la combinaison des divers paragraphes de cet article, avec le système général du Code, sur la transmission de la propriété par le seul consentement, a donné lieu à plusieurs opinions diverses, occasionnées par la rédaction équivoque de la loi.

3° Quant à la dissolution par la *mort* des associés, l'art. 1868 règle ce qui regarde la convention de *continuer* la société après la mort de l'un des associés, soit avec les héritiers de l'associé décédé, soit entre les associés survivants seulement.

4° Enfin, concernant la dissolution par la *simple renon-*

riation d'un seul des associés, les art. 1869 et 1870 indiquent les conditions de validité d'une telle renonciation.

SECTION II. — SUITES DE LA DISSOLUTION D'UNE SOCIÉTÉ.

La *liquidation (sent. lat.)*, des affaires sociales est la
suite naturelle de toute dissolution d'une société civile. —
L'art. 1872 qui renvoie pour cela aux règles des liquidations
héréditaires, donne lieu à des difficultés assez graves d'interprétation ; comp. 815, 841, 882, 883, etc.

APPENDICE AU TITRE IX.

Du quasi-contrat de communauté *ou d'*indivision.

Il faut examiner ici : 1° en quoi la *simple communauté*
diffère ou se rapproche de la *société* ; 2° les droits des communiers sur la chose commune ; 3° les obligations générales
des communiers ; 4° comment la communauté prend fin, et
quelles sont les suites de sa cessation.

TITRE X.

DU PRÊT.

APERÇUS PRÉLIMINAIRES.

1° Notion générale du contrat de *prêt* (et *emprunt*), considéré comme *contrat de bienfaisance*, mais présentant aussi
une variété de *contrat à titre intéressé* (*prêt à intérêt*).

2° Combien d'*espèces* de prêt distingue-t-on, d'après la
destination *naturelle* ou *convenue* des choses qui peuvent
faire l'objet du contrat? 1874.

3° Peut-on, en Droit français, qualifier le *prêt* de contrat
réel, et en quel sens?

4° Division de ce titre en trois chapitres.

CHAPITRE PREMIER.

Du PRÊT A USAGE ou COMMODAT.

SECTION I". — NATURE DU PRÊT A USAGE.

1° *Notion spéciale* du prêt à usage, 1875 et 1881 *in*

med. comb. — En quel sens l'art. 1876 dit-il que ce contrat est *essentiellement* gratuit? — Est-il ou non synallagmatique parfait ?

2° *Quelles choses* le commodat peut-il avoir pour objet ? 1878, 546 et L. 1 § 1, ff. *commodati.*

3° De la *capacité* des parties en cette matière.

4° Quelle est la *forme* requise pour la validité et la preuve de ce contrat? Voy. art. 1341 et suiv. *Quid* des art. 1525 et 1526?

SECTION II. — DES EFFETS JURIDIQUES DU COMMODAT.

Aperçus généraux.

I. Nature du droit créé en faveur de l'emprunteur : 1877 ; conséquences pratiques : 1° quant aux actions qu'aura le prêteur pour récupérer sa chose; 2° quant à la perte de la chose par cas fortuit, 1302, 1881 : voy. aussi 1883; 3° quant à la détérioration de la chose par le seul effet de l'usage convenu, 1884 rapproché de 1245; 4° quant à la question de *possession légale* de la chose? 2229 Cod. Nap. et 23 Pr. comb.

II. Les obligations nées du commodat passent-elles aux héritiers des parties? 1879 et 1122.

III. Division de la section.

§ 1. — Des engagements de l'emprunteur.

I. Obligation de *conserver* la chose et d'en *user régulièrement.*

1° Mesure des soins de l'emprunteur : 1880, 1882.

2° Perte de la chose par la faute de l'emprunteur, 1881 comparé à 1159 : voy. § 7, *Inst. de oblig. quæ ex delict. nasc.* ; — voy. art. 379, 406 et 409 Pén. ; add. 1882.

3° Détérioration de la chose par la faute de l'emprunteur ; arg. *à contr.* de 1884.

II. Obligation de *restituer* la chose prêtée.

1° Que doit restituer l'emprunteur ?

2° A qui doit être faite la restitution ? Voy. arg. de 1937 à 1941.

3° Où et quand ? 1247, 1248, arg. 1888 et 1889.

4° L'emprunteur, créancier du prêteur, pour cause étrangère au commodat, peut-il, sous ce prétexte, *retenir* la chose, soit en payement, soit comme nantissement ? 1885 ; voy. aussi 1293 3°.

III. De la *solidarité* proprement dite, existant légalement (1202) entre plusieurs emprunteurs, simplement *conjoints* par le contrat d'emprunt, 1887.

§ 2. — *Des engagements de celui qui prête à usage.*

1° Garantie de l'usage : voy. art. 1889 et 1876.

2° Remboursements à l'emprunteur : voy. 1886 et 1889 comp. — Droit de rétention.

3° Garantie des défauts préjudiciables de la chose : 1891, 1643 et 1721. A quoi est tenu celui qui prête sciemment (comp. 1643 et 1721), et sans avertir l'emprunteur, une chose qui a des défauts préjudiciables à celui qui s'en sert ? 1891.

CHAPITRE II.

Du prêt de consommation *ou* simple prêt.

SECTION 1re. — DE LA NATURE DU PRÊT DE CONSOMMATION.

1° *Notion spéciale* du prêt *de consommation*, autrefois appelé de *consomption* : 1892 ; — comparaison avec le commodat.

2° *Quelles choses* peut-on prêter par ce contrat ? 1894.

3° De la *capacité* des parties en cette matière.

4° *Formes* du prêt. Voy. 1341, 1325 et 1326.

SECTION II. — DES EFFETS JURIDIQUES DU PRÊT DE CONSOMMATION.

I. Aperçus généraux à ce sujet.

Quel est le *droit* que le prêteur concède à l'emprunteur sur la chose prêtée? 1893 *in pr*. — Conséquences pratiques : 1895. — Le prêt est nécessairement à terme.

II. *Obligations de l'emprunteur*.

L'emprunteur doit *restituer* les choses prêtées : 1902.

1° Que doit-il rendre pour satisfaire exactement à son obligation?

Cas ordinaires : 1902 *in med*.

Cas exceptionnels : — *Prêt d'une somme d'argent* : Voy. 1895 comp. à l. 1, *pr*. *ff*. *de Contr*. *Empt*. Appréciation de certaines clauses usitées sur le mode de remboursement des prêts d'argent. — *Prêt de lingots ou denrées* : Voy. 1896 et 1897.

2° Où et quand l'emprunteur doit-il rendre la chose prêtée?

Du lieu : 1247 est-il applicable?

Du terme convenu : 1902 *in fine* et 1899.

Quid s'il n'y a pas eu fixation de terme? 1900. — *Quid* si l'emprunteur a promis de payer *quand il le pourrait* (1901), ou *à sa volonté*, ou *à celle du prêteur*, avec ou sans avertissement préalable?

3° A quoi est tenu l'emprunteur qui *ne peut* rendre des choses pareilles? 1913 comb. avec 1302 et comparé à la l. 22 *ff*. *de Reb*. *cred*.

A quoi est-il tenu s'il retarde de restituer la chose? Voy. 1904, rapproché des art. 1139, 1146, 1149 et 1900.

III. *Obligations du prêteur*. Voy. 1898 et 1382.

CHAPITRE III.

Du prêt à intérêt et de la constitution de rente.

Aperçus généraux. — Division du sujet.

§ 1. — *Du prêt à intérêt ordinaire*.

I. Notion du *prêt à intérêt* et de l'*usure*. — Le prêt ne porte intérêt que par suite d'une convention expresse.

Etude spéciale et historique de l'art. 1905.

Puisqu'une stipulation est nécessaire pour qu'un emprunteur doive des intérêts, s'il en paye volontairement de *non stipulés*, peut-il les répéter? 1906, comp. à la l. 3, Cod. *de usuris*, et comb. avec 1235 § 1.

II. *Taux* de l'intérêt dû, soit en vertu de la loi, soit en vertu de la convention : 1907, historiquement expliqué et complété par la loi du 3 septembre 1807, art. 1 et 2. — Controverse théorique sur l'*utilité* et l'*opportunité* de la limitation de l'intérêt conventionnel.

L'art. 3 de la loi de 1807, modifié par l'art. 1 de celle du 19 décembre 1850 (rappel de 1578), réprime les perceptions, ostensibles ou déguisées, d'intérêts usuraires.

Mention de l'art. 1907 § 2. comparé à 1341.

III. Rappel de ce qui a été dit, en seconde année, sur l'*anatocisme* (Voy. 1154 et 1155).

IV. Quel est l'effet de la quittance du capital sans réserve des intérêts non payés? 1908 rapp. de 1552.

§ 2. — *De la constitution de rente perpétuelle.*

I. Quand y a-t-il *constitution de rente*? 1909 : observations terminologiques.

Diverses espèces de constitution de rente, soit d'après le caractère *gratuit* ou *intéressé* du titre constitutif, soit d'après la durée que doit avoir la prestation des arrérages : 1910 ; add. 529 et 530.

Il n'est ici question que des rentes *perpétuelles*, constituées *gratuitement* ou à *titre intéressé ;* renvoi, pour les rentes *viagères*, 1914.

II. Notions historiques sur la constitution de *rente perpétuelle*. — Un mot des *rentes sur l'Etat*.

III. Aperçu des *obligations* du débi-rentier et de ses *droits* : 1911 et suiv.; voy. aussi loi du 3 septembre 1807

et l'art. 1155; rappel de 2263 et 2277. — *Rentes portables*
et *quérables*.

IV. Y a-t-il des cas où le débiteur d'une rente puisse être
contraint au rachat; 1912; cet article, d'une très-grande et
très-fréquente utilité pratique, exige plusieurs explications.

Quel est l'effet de la faillite ou de la déconfiture du débi-
rentier? 1913.

V. La rente perpétuelle est-elle *volontairement* rachetable
par le débiteur? Voy. 1911 comp. à 530. — Que doit rembourser le débi-rentier d'une rente, constituée en argent ou
en denrées, qui veut la racheter ?

VI. Comparaison sommaire entre les règles des *rentes
constituées* et celles des *rentes* dites *foncières*, dont il a été
parlé en première année.

TITRE XII[1].

DES CONTRATS ALÉATOIRES.

APERÇUS PRÉLIMINAIRES.

Qu'est-ce qu'un contrat *aléatoire*? 1964 et 1104 2° comb.
— Indication des principaux contrats ayant une *chance* pour
objet : Renvoi pour quelques-uns d'entre eux; division du
titre.

CHAPITRE PREMIER.

De la rente viagère.

Aperçus généraux.

Rappel de la notion spéciale de cette rente. — Base des
calculs par lesquels se fixe le taux des rentes viagères. —
Constitue-t-elle une unité juridique distincte de ses *arrérages*?
Ceux-ci sont-ils vraiment des *fruits*? Voy, 584, 588, 610,
1401 2°, 2151, 2277, etc.

(1) Ce titre est exposé avant le titre xi, afin de rapprocher la matière
des *rentes viagères* et celle des *rentes perpétuelles*.

SECTION Ire. — DES CONDITIONS REQUISES POUR LA VALIDITÉ DE LA
CONSTITUTION D'UNE RENTE VIAGÈRE.

I. La rente viagère peut-elle être constituée à titre *gratuit,* comme à titre *onéreux?* 1968 et 1969.

II. Formes de la constitution gratuite d'une rente viagère : 1969 comb. avec 1973 *infrà* : add. 1970 à comb. avec 917, 926, 923, 901 et suiv.

La rente viagère peut-elle être constituée à titre insaisissable? 900, 2092, 1981 Cod. Nap. et 581 Proc.

III. A quel taux peut être constituée la rente viagère? 1976 comp. à la loi du 3 septembre 1807; voy. cep. décr. du 23 juin 1806.

IV. La rente peut-elle être constituée, soit au profit de celui qui la stipule, soit au profit d'un tiers, étranger au contrat et qui ne fournit rien en échange? 1973 et 1121.

V. De quelles personnes peut-on considérer l'existence, comme *mesure de la durée* des prestations de la rente viagère? 1971 ; lorsqu'elle est constituée sur la tête d'un autre que le stipulant, quel est le rôle juridique de ce tiers? 1971. *Quid* s'il survit au stipulant?

Sur *combien* de têtes la rente peut-elle être établie? 1972.

VI. Quel est l'effet de la constitution de rente viagère faite, sciemment ou non, sur la tête d'une personne *morte* lors du contrat ou lors du décès de celui qui a légué la rente viagère? 1974.

Quid de la rente viagère, constituée, sciemment ou non, sur la tête d'une personne ou de plusieurs personnes, dont l'une est atteinte, lors de la constitution, d'une *maladie dont elle meurt* bientôt après? 1975.

SECTION II. — DES EFFETS JURIDIQUES DE LA CONSTITUTION DE RENTE
VIAGÈRE.

Aperçus généraux : mention de 1979 *in fine.*

I. *Droits du crédi-rentier.*

Ils se résument dans le droit d'*exiger le paiement des arrérages*.

Or, à ce sujet :

1° Quel droit le créancier a-t-il si le débiteur ne lui donne pas les *sûretés* convenues? 1977 et 1188 comb.

2° Mode de preuve de l'existence du crédi-rentier à l'époque où le droit aux arrérages est ouvert : des *Certificats de vie*, voy. l. des 6-27 mars 1791, art. 11; loi du 25 ventôse an XI, art. 20; décr. des 11 et 25 septembre 1806 et ord. du 6 juin 1839.

3° Quand sont dus et doivent être payés les arrérages? Si le crédi-rentier ne vit pas pendant toute la durée de la période correspondante à la quotité d'arrérages périodiquement payée, comment, à sa mort, se règlent les termes *courants?* 1980 *in pr.* et 586 comb. — *Quid* lorsque la rente est payable *d'avance* et *non terme échu*, en vertu du titre constitutif, conventionnel ou testamentaire? 1980.

4° Droit du crédi-rentier en cas de *défaut de payement des arrérages* : voy. l'art. 1978 comp. à 1184. — *Quid* en cas de constitution de la rente à *titre gratuit*.

5° Le débi-rentier peut-il racheter la rente *viagère* comme une rente *perpétuelle?* 1979 comp. à 1911.

6° Rappel des art. 2265 et 2277.

II. Comparaison générale entre la rente *viagère* et la rente *perpétuelle*.

CHAPITRE II.
Du Jeu et du Pari.

Aperçus généraux.

I. La loi n'accorde aucune action pour une *dette de jeu* ou pour le *payement d'un pari* : 1965. — Qu'entend-on par *dette de jeu?*

N'y a-t-il pas des contrats de jeu obligatoires? 1966, dont le 2ᵉ paragraphe ne doit pas être pris à la lettre.

II. Dans tous les cas, le perdant ne peut répéter ce qu'il a *volontairement* et *véritablement* payé : 1967 rapproché de 1235 § 2 ; — Conséquences pratiques.

III. Un mot des *paris sur les effets publics* ou *marchés fictifs à terme*. Voy. 421 Pén. — Renvoi.

TITRE XI.

DU DÉPÔT ET DU SÉQUESTRE.

Notion du dépôt en général, qui renferme le *dépôt proprement dit* et le *séquestre* (1915 et 1916). — Division du sujet.

PREMIÈRE PARTIE.

DU DÉPÔT PROPREMENT DIT.

CHAPITRE PREMIER.

Du dépôt simple ou ordinaire.

SECTION 1re. — DE LA NATURE DU CONTRAT DE DÉPÔT, DES CHOSES QUI PEUVENT EN FAIRE L'OBJET, ET DES PERSONNES ENTRE LESQUELLES IL PEUT INTERVENIR.

I. *Notion spéciale* de ce contrat : son caractère particulier parmi l'ensemble des conventions. — Quels sont les droits que le maître de la chose déposée confère, sauf stipulation extensive, à celui qui reçoit le dépôt? L. 1, ff. *Depositi* : 1915, 1930 comb. ; add. 2236. — En quel sens le dépôt est-il *essentiellement* gratuit, comme l'énonce l'art. 1917 ?

II. *Quelles choses* le dépôt peut-il avoir pour objet? 1918 ; *Quid* si l'on confie à quelqu'un la garde d'un immeuble?

Du *dépôt irrégulier*, ou ayant pour objet des choses fongibles, de l'argent en particulier, avec pouvoir de s'en servir, accordé au dépositaire.

III. Des *personnes* entre lesquelles peut avoir lieu le contrat de dépôt. Voy. 1922, 1925, 1926.

IV. *Comment se forme* le dépôt volontaire? 1921 et 1919.

V. Comment doit être *prouvé* le dépôt, 1923, 1325 et 1326 rapprochés. Voy. spécialement l'art. 1924, comparé avec les art. 1547, 1348 4° et 1356. Il faudra enfin combiner ces règles avec celles de la preuve en matière criminelle, concernant les *abus de dépôt*. Voy. 406, 408 pén. ; 1382 et 1945 cod. civ.

Section II. — Des obligations dérivant du contrat de dépôt.

Aperçu général du sujet : division de la section.

§ 1. — *Obligations du dépositaire.*

Garder la chose et la *restituer* ensuite au déposant, telles sont les obligations principales du dépositaire : add. 1931.—

N° 1. — *Garde de la chose déposée.*

I. En quel sens le dépositaire *garde*-t-il la chose ?— *Mesure* de la fidélité que le dépositaire doit apporter à cette garde ; comb. de 1927 et 1157. Voy. cep. 1928.

II. Le dépositaire est-il tenu des cas fortuits ou de force majeure? 1929 comb. avec les précédents et avec l'art. 1302 ; voy. cep. 1934. — *Quid* de la perte fortuite de la chose, dans le cas de *dépôt irrégulier?*

N° 2. — *Restitution de la chose déposée.*

I. *Que doit restituer le dépositaire?*

1° Toute chose déposée constituant un corps certain, doit être identiquement rendue. Voy. pour certains cas particuliers : 1979 et 1991 2° comb. et 1932.

2° Dans quel état doit être rendue la chose déposée? 1933, rapproché de 1245 et comb. avec 1927.

3° *Quid* si le dépositaire a perçu des fruits de la chose ? 1936 § 1. S'il a indûment usé d'une somme d'argent déposée, que doit-il au déposant?

4° Examen spécial des art. 1934 et 1935 comb. avec 1166 et 1303.

II. *A qui doit être faite la restitution?*

1° *Cas ordinaires :* 1937, 1938 et 1939 § 1 comb.

2° *Cas exceptionnels.*

A qui doit être rendu le dépôt, si le déposant meurt, en laissant un ou plusieurs héritiers *légitimes* ou *testamentaires?* Rappel et complément de ce qui a été déjà dit sur l'art. 1939.

Les art. 1940 et 1941 indiquent à qui doit être faite restitution dans deux situations exceptionnelles.

3° L'art. 1946, qui s'occupe du cas où le dépositaire découvre qu'il est propriétaire de la chose déposée, exige quelques précisions.

III. *Quand doit avoir lieu la restitution?*

L'art. 1944 l'indique ; voy. cep. 1187, 1258 4° comb. — Conséquences d'un retard *inexcusable* du dépositaire à restituer : 1936, § 2 comb. avec 1139 et 1153 3°, sur *la mise en demeure.*

IV. *Où et aux frais de qui se fait la restitution?* Voy. les art. 1942 et 1943, comp. à 1247 et 1248.

V. Comment procéder si le déposant *refuse* de recevoir la restitution? Voy. 1264.

§ 2. — *Obligations de la personne par laquelle le dépôt a été fait.*

Voy. les art. 1947, comp. à 1882 et 1891 : add. 1948.

CHAPITRE II.

De quelques espèces de dépôts exceptionnels.

I. *Du dépôt salarié.*

1° Rappel de l'art. 1917 : quel effet produit sur la *nature* du contrat la stipulation d'un salaire?

2° En quoi cela modifie-t-il les *effets juridiques* du dépôt ?

Par rapport aux obligations du *dépositaire,* voy. 1928 2° et 1137 comb. ;

Par rapport à celles du *déposant*, voy. 1134 ;

Hors de ces modifications, les règles ci-dessus seront applicables.

II. *Du dépôt nécessaire.*

1° Qu'est-ce que le dépôt *nécessaire* ou *misérable* ? 1949 ; ce qui le distingue du dépôt *volontaire*. — Quand peut-on dire que c'est *comme forcé* qu'on a fait le dépôt? L. 1 § 5, ff. *Depositi*, compar. à 1921.

2° Quelles modifications sont apportées aux règles sur la *capacité* des parties (voy. 1922 et 1925), sur la *preuve* (1950, 1348), et sur les *effets juridiques* de ce contrat (1951), par suite des circonstances dans lesquelles il intervient; voy. aussi 2060 1°, renvoi.

III. *Du dépôt* dit *d'hôtellerie.*

Le dépôt que fait un voyageur des *effets* qu'il remet au maître d'une hôtellerie, ou d'une auberge, ou de tout autre établissement analogue, est *assimilé* à un dépôt *nécessaire* (1952).

1° Que résulte-t-il de cette assimilation ?

2° Soins exigés pour la garde des effets : 1953 et 1954. Voy. aussi 1953 *in fin.* comp. à 1384, et qui a motivé l'extension des règles ordinaires sur la *responsabilité* des *actions* d'autrui (1384 et 1953 *in fin.*).

DEUXIÈME PARTIE.

DU SÉQUESTRE.

Notion spéciale du séquestre et de ses diverses espèces ; voy. 1915, 1956 et 1955 comb. (L. 17 ff. *depositi*)?

I. *Du séquestre conventionnel.*

1° *Quelles choses* peut-il avoir pour objet? 1956 *in med.* et 1959 comp. à 1918.

2° *Caractères* du séquestre conventionnel : il est *gratuit* par *nature*, mais non par *essence*. Voy., à cet égard, l'art. 1957.

5º *Obligations* résultant du séquestre conventionnel.

Le séquestre doit *garder* la chose, l'*administrer* et la *restituer* ensuite.

Si le contrat est gratuit, voy. 1958 à compléter par 1921, etc.

Si le contrat est salarié, voy. arg. *à contr.* de 1958, 1928 2º.

4º Quand et pourquoi le séquestre peut être déchargé du dépôt : 1970.

II. *Du séquestre et des dépôts judiciaires.*

Nuance entre le *séquestre judiciaire* proprement dit et les *dépôts judiciaires*.

1º Du *séquestre judiciaire* proprement dit.

Quand peut-il être ordonné? 1961 2º. — Rappel de la caution *de dolo* du Droit romain.

Une fois le séquestre *ordonné*, à qui doit-il être *confié*, et quelles sont les *obligations* de celui qui en est chargé? 1963.

2º *Dépôts judiciaires*, quelquefois improprement appelés *séquestres judiciaires*.

Indication de plusieurs cas : voy. 1981 1º, Cod. civ.; 595, 597, 598, 605, 681, Pr. ; 1264, 1961 5º, 602, Code civil.

TITRE XIII.

DU MANDAT.

APERÇUS GÉNÉRAUX.

Notion générale du contrat de mandat : 1984 à rectifier et expliquer. — Différences de la *procuration* et du *contrat de mandat (sens str.)*. — Observations terminologiques : 1984 rapp. de 44, 66, 112, 834, 1384, etc. — Caractère spécial et place économique du contrat de mandat : Coup-d'œil historique. — Des mandataires *civils* qui agissent *en leur propre nom* : Renvoi. — Du *prête-nom* : Rappel de ce

qui a été dit, à cet égard, en seconde année, sur l'art. 1119.
Division de la matière.

CHAPITRE PREMIER.

Nature et conditions de validité du contrat de mandat.

I. NATURE DU CONTRAT DE MANDAT.

1° Il a toujours été classé parmi les contrats purement *consensuels*. Voy. 1985 et 1341 et suiv. comb.; voy. cep. 36, 933, lois du 25 ventôse an XI, art. 20, et du 21 juin 1843, art. 2. — Peut-il y avoir mandat *tacite* et comment distinguer un tel mandat d'avec la *gestion d'affaires?* — L'art. 1985, sur la preuve du mandat, n'a eu en vue que le mandant et le mandataire, et non les tiers.

3° Le mandat est-il contrat unilatéral ou non? *Quid* des art. 1325 et 1326?

4° Dans l'intérêt de qui le mandat peut-il être constitué ? Voy. Pr. et §§ 1 et seq. Instit. Justin. *de Mandato.*

5° Le mandat n'est pas *essentiellement* gratuit (1986); quand il est salarié, y a-t-il intérêt à le distinguer du *louage de services?*

II. CONDITIONS DE VALIDITÉ DU CONTRAT.

1° *Objet licite*, d'après les principes généraux, et consistant en un *acte à faire*, et pour lequel le mandant *puisse être représenté par le mandataire.* — Des actes pour lesquels l'emploi d'un mandataire est prohibé : Voy. ancien art. 281 et rappel de ce qui a été dit, en première année, sur la question du mariage *par procureur.*

Division des mandats, sous le rapport de leur objet, en *spéciaux* et *généraux* (1987) : Etendue conventionnelle ou présumée de ces derniers. Voy. 450, arg. 1429, 1430, 1988, 933, etc.

2° *Capacité des parties.*

Qui peut choisir un mandataire?

Qui peut-on choisir pour mandataire? *Quid* des femmes

mariées, des mineurs émancipés ou non, etc., etc.? Voy. 1990, qui a besoin d'être complété.

La même personne peut-elle se donner *plusieurs* mandataires pour la *même* affaire? Arg. 1995; voy. cep. 2006. — La *même personne* peut-elle être mandataire de *plusieurs autres* dans la *même* affaire, qu'elles aient ou non des intérêts analogues? Arg. 2002; voy. cep. 412.

CHAPITRE II.

Des effets juridiques du contrat de mandat.

Section 1ʳᵉ. — OBLIGATIONS DU MANDATAIRE ENVERS LE MANDANT.

I. *Accomplissement intégral du mandat* (1991), en en respectant les limites. Voy. 1988 et 1989.

1º Quand commencent les obligations du mandataire?

2º Mesure de la diligence avec laquelle le mandataire doit remplir son mandat (1992 comp. à 1137 §§ 1 et 2; comp. 1850), et *garder* les choses qui lui sont confiées par suite du mandat.

Sanction de ces obligations : 1147, 1142, 1991 § 2, 1996.

3º Le mandataire doit tenir le mandant au courant de l'état de l'affaire.

4º Lorsqu'il y a plusieurs mandataires, quelles sont leurs obligations et attributions respectives? 1995, 1202; voy. cep. 1033 *in med.*; voy. l. 60 § 2 *ff. mandati*. De ce que l'art. 1995 déclare, qu'il n'y a solidarité entre eux qu'autant qu'elle est exprimée dans l'acte (1202; voyez cep. 1033 *in med.*), ce qui semblait inutile à dire, s'ensuit-il qu'ils ne soient jamais tenus au moins *in solidum*, jusqu'à preuve d'intention contraire? Voy. l. 60, § 2 *ff. mandati*.

II. *Du compte à rendre* par le mandataire, après sa gestion : 1993, 1993 *in fin.* rapproché de 1153 3º et de 1996.

Appendice à la section 1re.

Du substitué au mandataire.

Ce que c'est : Le mandataire a-t-il, de plein droit, pouvoir d'en user? Quand il l'a fait, est-il responsable du substitué? Voy. 1994, comb. avec 1166.

SECTION II. — OBLIGATIONS DU MANDATAIRE ENVERS LES TIERS.

Voy. 1997, qui, *dans le cas où le tiers a été trompé*, doit été complété par les art. 1382 et 1584.

SECTION III. — OBLIGATIONS DU MANDANT ENVERS LES TIERS.

Le mandant est *directement* lié par les actes du mandataire. Voy. 1998 prévoyant diverses hypothèses; voy. aussi 1239, 1. 12 § 4 *ff. de solution*. — Questions de fait à apprécier.

SECTION IV. — OBLIGATIONS DU MANDANT ENVERS LE MANDATAIRE.

I. Libération du mandataire et remboursement d'avances et frais. Voy. l'art. 1999 add.; § 8 inst. *de mandato*.

II. Indemnité pour les pertes éprouvées par le mandataire à l'*occasion* de sa gestion, sans imprudence imputable : 2000.

III. *Quid* de l'intérêt des avances faites par le mandataire? Voy. 2001 comp. à 1153.

IV. Comment plusieurs mandants sont-ils tenus envers leur mandataire? 2002.

CHAPITRE III.

Causes par lesquelles finit le mandat et ce qui en résulte.

§ 1. — *Causes qui font finir le mandat.*

I. L'art. 2003 n'énonce que quelques-uns des événements qui mettent fin d'ordinaire au mandat, par dérogation aux règles générales des contrats.

II. Régles spéciales à quelques-unes de ces causes.

1° Par rapport à la *révocation* (voy. cep. 1395, 1856), qui peut être *expresse* ou *tacite*; voy. les art. 2004 *in pr*. et 2006 comp. à 1995.

2° Quant à la *renonciation*, voy. 2007 1° ; donner avis au mandant.

§ 2. — *Suites de la cessation du mandat.*

Son effet général est de mettre fin aux pouvoirs du mandataire et à ses obligations.

Il y a néanmoins ici quelques précisions à faire.

Ainsi, 1° en cas de *mort du mandant*, voy. l'art. 1991 § 2.

2° En cas de *révocation*, voy. les art. 2004 et 2005.

3° En cas de *renonciation*, voy. l'art. 2007 comb. avec 1147 et 1134 3°.

4° En cas de *mort du mandataire*, voy. 2010 et 419.

5° Pour tous les cas de révocation *qui ne proviennent pas du mandataire*, voy. 2008 et 2009.

APPENDICE AU TITRE *du mandat.*

§ 1. — *Mandats qui ne dérivent pas d'un contrat.*

Il y a d'*autres mandats* que ceux qui résultent de la *convention;* ainsi, la *loi* (voy. 589, 590, 402, 506, 1428, 1549, etc.), la *justice* (25 6°, 113, 812, etc.), et les *actes de dernière volonté* (392, 398, 1025 et suiv., 1055, etc.), établissent ou peuvent établir des mandataires ; à quelles règles sont soumis ces divers mandats?

§ 2. — *Du mandat salarié.*

I. Notions générales.

1° Influence du *salaire* sur le contrat de mandat.

2° Différence entre le *mandat salarié* et le *louage de services* : moyen de les distinguer : — conséquences pratiques.

II. Fixation du salaire.

III. En quoi les obligations résultant du mandat salarié diffèrent de celles que produit le mandat gratuit, pour l'une et l'autre partie. Voy. 1992 et 1928 2° comb., 1999 §§ 1 et 2 : add. 2001 et 2002.

§ 5. — *Du mandat* civil *exercé* proprio *et* non procuratorio nomine.

Règles spéciales à cette variété de mandat qui, surtout usitée en matière commerciale (91 et suiv. comp.), n'est pas sans application en matière civile.

§ 4. — *Du* procurator in rem suam.

Cette apparence de mandat, qui était si usitée en Droit romain (L. 8 § ult. *mandati* : Gaius 2 com. § 39), sera rarement employée de nos jours : elle peut l'être cependant, et, alors, quelles sont les règles qui régissent ce cas?

§ 5. — *Du mandat* ad lites.

I. Notion de ce mandat.

II. Il est imposé aux plaideurs devant certaines juridictions, ce qui ne contredit pas, même alors, l'ancienne règle qu'en France, « *nul ne peut plaider par procureur* » à moins d'exceptions formelles.

III. Quelles personnes peuvent être mandataires *ad lites*.

IV. Formes de ce mandat.

V. Etendue et durée des obligations résultant de ce mandat.

VI. Du *désaveu* : voy. 352 Proc. et suiv. — Renvoi.

TITRE IV.

DU CAUTIONNEMENT.

APERÇUS PRÉLIMINAIRES.

I. Notion de ce contrat (arg. 2011) par opposition *au cautionnement réel*. — Renvoi.

II. Coup d'œil historique.

III. Rapports multiples résultant d'un cautionnement.

IV. Distinguer : *l'obligation de fournir caution* et le *contrat de cautionnement,* formé en exécution de cette obligation.

PREMIÈRE PARTIE.

DE L'OBLIGATION DE FOURNIR CAUTION.

I. Sources de cette obligation : 1134 ; — 16, 120, 601, 771, 807, 1655, 2185, etc., Cod. civ. ; — 135, 155, 832 Proc., etc.

II. Comment celui qui est tenu de fournir caution doit remplir son obligation.

1° Présentation de la caution : 2018 Cod. civ., 518 et suiv. Proc.

2° Où la caution doit être donnée : arg. 2018 *in fin.* : voy. 1247 Cod. civ., 517 Proc.

3° Qualités que doit réunir la caution pour que le créancier ne puisse pas la refuser.

Distinguer les cautions *conventionnelles* ou *légales* des cautions *judiciaires*. Voy. 2018, 2040 § 2 et 2060 5°.

Si la caution, d'abord reçue, perd ensuite l'une des qualités requises, voy. 2020.

4° Si celui qui doit fournir caution n'en trouve point, peut-il offrir à la place une autre sûreté et laquelle ? 2041 rectif. par 2071 et 2072.

DEUXIÈME PARTIE.

DU CONTRAT DE CAUTIONNEMENT FORMÉ EN EXÉCUTION DE L'OBLIGATION DE FOURNIR CAUTION.

CHAPITRE PREMIER.

De la nature du cautionnement et ce qui en résulte.

§ 1. — *Du cautionnement considéré par rapport aux obligations qu'il doit garantir.*

I. C'est un contrat *accessoire.*

II. Conséquences en dérivant :

1° Nécessité d'une obligation *valable* à garantir. Voy. 2012 § 1 : Inst. § 1 *de fidejus.* : 2014 § 2 rapp. de 135 5° Proc. Voy. cep. 2012 § 2 qui exige plusieurs explications.

2º Le cautionnement ne peut être contracté *in duriorem causam* que l'obligation principale : voy. 2013 §§ 1 et 3 comp. au § 5 Inst. *de fidej.* et § 33 *de action.* ; mais il peut l'être *arctiori vinculo* : 2013 § 2.

3º Explication spéciale de l'art. 2016 interprétant l'étendue d'un cautionnement indéfini.

§ 2. — *Du cautionnement considéré par rapport au mobile qui a porté la caution à s'engager.*

I. Office d'ami, sans vouloir faire une donation :

1º La caution peut se présenter soit sur le mandat du débiteur, soit spontanément : voy. 2014.

2º Ne pas présumer facilement l'intention de se porter caution : 2015. Voy. aussi 1281 2º, 1740. Il y a cependant des cas dans lesquels la loi présume le rôle de caution, *dans l'intérêt* de celui auquel elle l'attribue. Voy. 1216, 1419, 1431, 1432, etc.

3º La caution est présumée vouloir rentrer dans ce qu'elle aura déboursé pour le débiteur.

II. Par exception, le cautionnement peut être fourni *animo donandi,* ou au contraire moyennant une indemnité (arg. 2018 et 1226 comb.). Voy. 1153 § 1 *in fin.*

§ 3. — *Nature du cautionnement eu égard aux obligations qui en résultent.*

La nature du cautionnement diffère, selon que l'on considère les rapports de la caution avec le créancier ou avec le débiteur principal.

§ 4. — *Nature du cautionnement par rapport à la forme requise pour sa validité.*

Contrat consensuel, malgré 2015, 1341 et suiv. Cod. civ.; 519 et 522 Proc. ; add. 1326 Cod. civ.

CHAPITRE II.

Effets des diverses obligations qui dérivent du cautionnement.

Division du chapitre.

Section 1re. — EFFETS DU CAUTIONNEMENT ENTRE LE CRÉANCIER ET LA CAUTION, OU DES *droits du créancier contre la caution.*

§ 1. — *Droits ordinaires du créancier.*

I. Action en payement, faute par le débiteur de l'accomplir, et sans être tenu de le discuter par avance : 2011 comb. avec 2021 *in pr.* et 2022.

II. Transmissibilité de l'action contre les héritiers de la caution. Voy. 2017 et § 2 Inst. *de fidej.*, comp. au § 120 du comm. 3 de Gaius ; voy. cep. 2017 *in fin.*

III. Du cas où il y a plusieurs cofidéjusseurs, sans solidarité stipulée. Voy. 2025, qui mérite attention ; voy. § 4 Inst. *de fidejuss.*

IV. Exceptions que la caution poursuivie par le créancier peut lui opposer : 1109, 1125, 1124, 1287 2º, 1294 2º, 1301 2º, 2036, arg. 2225 ; comp. 2036 et 2012 § 2 avec 1208.

§ 2. — *Modifications des droits ordinaires du créancier par certains* bénéfices *accordés aux cautions.*

Aperçu général du sujet : — indication et nature différente des bénéfices de *discussion* et de *division.*

Art. 1er. — *Bénéfice de discussion.*

I. Notion spéciale de ce bénéfice : — ses motifs : — coup d'œil historique.

II. Ce bénéfice ne profite pas, de plein droit, à la caution : 2022. Voy. 186 Proc.

III. Conditions que doit remplir la caution qui oppose au créancier le bénéfice de discussion : 2023. — Conséquences que pourrait avoir la négligence du créancier, quand la caution a rempli ces conditions : 2024.

IV. Fins de non recevoir contre la caution qui veut opposer le bénéfice de discussion : arg. 2022 *in fin.*, 2021 *in fin.* et 1203 comb. — Comparaison entre le *débiteur solidaire* et la *caution solidaire* : 1201 et 1203 ; — 1208, 2036, 1294 1° et 2° ; — 1213, 1216, 2011, 2028 *infrà.*

V. Quant à la *caution judiciaire* et à son *certificateur*, voy. 2042 et 2043.

VI. Si la discussion ne désintéresse pas le créancier, voy. 2011.

Art. 2. — *Bénéfice de division.*

I. Notion spéciale de ce bénéfice : 2025 et 2026. — Historique du sujet. — Comment est produit ce bénéfice.

II. Bases de la division à opérer par le créancier : 2026 §§ 1 et 2.

III. Fins de non recevoir contre la demande en division : 2026 *in pr.* à comp. à 2022 *in fin.*

SECTION II. — EFFETS DU CAUTIONNEMENT ENTRE LA CAUTION ET LE DÉBITEUR.

Aperçu et division du sujet.

§ 1. — *Droits de la caution qui a satisfait pour le débiteur* (2011).

Recours de la caution contre le débiteur : ses bases.

I. En quel cas la caution acquiert ou non ce recours en libérant le débiteur.

II. Par quelles voies juridiques assure-t-on l'exercice de ce recours ? — Détails historiques. Voy. § 6 Inst. *de fidej.*, ll. 17 et 36 ff. Cod. l. 2 et 21 Cod. civ. art. 1250, 1251 3°, 2029, 1252 § 1, etc.

III. Effets détaillés du recours.

1° Voy. 2028 §§ 2 et 3 comp. à 1153 1° ; add. 1252 § 1, 1249 et 1250.

2º Tantôt il y a avantage à préférer *l'action du mandat* à la *subrogation*; tantôt c'est l'inverse.

3º. Voy. Cas spécial de 2030.

IV. Fins de non recevoir spéciales contre le recours de la caution envers le débiteur principal.

1º Voy. 2031 § 1.

2º Voy. 2031 § 2.

5º *Quid* des cas prévus par les lois 8 § 7 et 29 § 2 *ff. mandati.*

§ 2. — *La caution ne peut-elle pas, avant d'avoir payé,*
agir contre le débiteur?

Explication de l'art. 2032, en complétant le 4º par l'article 2039.

Appendice aux sections Ire et IIe.

Qu'arrive-t-il, dans les rapports du créancier et de la caution, lorsque la subrogation de celle-ci n'est pas possible par le fait de celui-là, — ou de l'exception *cedendarum actionum.*

Théorie et historique de ce point réglé par l'art. 2037 comb. avec 1251 5º et 2029 et avec l. 22 *ff. de Pactis*, l. 15 § 1 *ff. de fidej.* et l. 95 § 11 *de solut.* : — Cette matière présente des difficultés.

SECTION III. — EFFETS DU CAUTIONNEMENT ENTRE PLUSIEURS
COFIDÉJUSSEURS.

I. Règle générale : 2033 comb. avec 1251 5º et 1375, comp. à l. 39 *ff. mandati.*, l. 17 *de fidej.*, ll. 2 et 21 Cod. *de fidej.*

II. Détails du recours accordé par l'art. 2033, comb. avec 1214 §§ 1 et 2, 1216 et 2026 § 2.

CHAPITRE IV.

De l'extinction des obligations de la caution.

I. Extinction de l'obligation principale (Arg. 2180 1º, 2036, 1234, 1281 2º, 1287 1º, 1294 1º, 1301, 2119).

Régles spéciales à l'extinction par dation en paiement :
1243, arg. 1184 et 1238, 2038.

II. Extinction du cautionnement indépendamment de
celle de l'obligation principale. Voy. 2034 et 1234 comb.
1287 2°, 1294 2°, 1301 2°, etc. ; voy. cep. 2250 ; add.
129, 771.

TITRE XV.

DES TRANSACTIONS.

NOTIONS PRÉLIMINAIRES.

Qu'est-ce que la *transaction* (*sens. str.*), appelée aussi
arrangement (54 Proc.)? Voy. 2044 ; détails sur cette
notion. — Utilité de ce contrat ; faveur dont il est entouré.

SECTION 1ʳᵉ. — ÉLÉMENTS, BUT ET NATURE DU CONTRAT DE TRANSACTION.

I. Ce que suppose *essentiellement* ce contrat : Arg. 2044,
888 § 2 et 2056.

II. La transaction quoique n'étant, en général, que *décla-
rative* des droits douteux qui font l'objet de ce contrat, n'en
doit pas moins être considérée comme un acte de *disposition*.

III. Formes de la transaction : 2044 rapproché de 1341
et suiv., 1356 et 1358.

IV. Modalités qui peuvent affecter la transaction : observations spéciales sur l'art. 2047 relatif à la *stipulation d'une
peine* contre celui qui manquera d'exécuter le contrat : add.
1229 2° ; voy. l. 16 *ff. de Transact.* ; l. 122 § 6 *ff. de Verb.
oblig.* ; l. 10 § 1 *ff. de Pactis*, qui ne se concilient pas très-
bien.

SECTION II. — DROITS DOUTEUX SUR LESQUELS IL EST PERMIS DE TRANSIGER.

La règle de l'art. 1128 est ici applicable ; voy. aussi 307,
1443 § 2 ; voy. aussi 83 et 249 Proc. — Peut-on transiger
sur des droits alimentaires ?

SECTION III. — PERSONNES QUI PEUVENT CONSENTIR UNE TRANSACTION.

I. L'art. 2045 § 1 pose le principe.

II. Le § 2 du même article, contient plusieurs renvois qui doivent être complétés. Voy, 467, 481. 484, 1449, 1536, 1576, 803, 813 Cod. civ. ; 535, 570 Com. ; l. 18 juillet 1837, art. 39, etc.

SECTION IV. — EFFETS D'UNE TRANSACTION.

I. *Extinction* ou *aliénation* (par renonciation) de *droits* ou d'*actions*.

1° Que signifie la formule de l'art. 2052 § 1 qui donne aux transactions l'*autorité de la chose jugée* en dernier ressort ?

2° Explication des art. 2048, 2049 et 2050 comb. avec 1351 ; voy. l. 9 § 3 *ff. de Transact.*

3° Examen de l'art. 2051 comb. avec 1208, 1287 1°, 2056 1°.

II. Création d'*obligations principales* et *accessoires*, et même *translation de propriété* par suite d'une transaction.

SECTION V. — CAUSES DE NULLITÉ OU DE RESCISION DES TRANSACTIONS.

Outre les causes d'annulation provenant de l'incapacité des parties et de ce que l'objet de la transaction était illicite, il y a des règles spéciales à étudier.

1° Voy. l'art. 2052 § 2 qui exclut l'application aux transactions de certaines causes d'annulation ou de rescision des contrats ordinaires.

2° Mais, d'autre part, la loi a cru devoir s'expliquer sur certaines causes pour lesquelles une transaction peut être attaquée.

Ainsi, voy. les art. 2053 à 2057 : il faut éclaircir quelques expressions des art. 2054, 2055 et 2057.

3° De l'*erreur de calcul* intervenue dans une transaction : 2058.

Des jugements d'*expédient* ou *convenus*.

On étudiera sommairement ce sujet, qui a un grand intérêt pratique.

TITRE XVI.

DE LA CONTRAINTE PAR CORPS EN MATIÈRE CIVILE.

APERÇUS PRÉLIMINAIRES.

I. Il s'agit, en ce titre, de l'exercice exceptionnel du *droit de contrainte*, au moyen de la *saisie du corps* ou *de la personne* du débiteur et de son *emprisonnement*. Voy. aussi 2060 2° et 2061.

II. Théorie générale du sujet, et diversité d'opinions sur le *principe* de la contrainte par corps. — But final de cette voie d'exécution forcée : Add. 2069.

III. Coup d'œil historique, depuis la loi du 9 mars 1793, jusqu'à celles du 7 avril 1832 et du 13 décembre 1848.

IV. Mesures préventives des principaux abus en cette matière : 2067 : add. 519 Proc. et l. 17 avril 1832, art. 14. — L'art. 2067 dispose que la contrainte par corps ne peut être mise à exécution qu'*en vertu d'un jugement* (de quelle espèce? Voy. cep. 519 Proc.), qui contienne expressément (voy. cep. l. 17 avril 1832, art. 14) condamnation *par corps*.

V. Division de la matière.

SECTION Ire. — DANS QUELS CAS UN JUGEMENT *doit-il* OU *peut-il* ORDONNER LA CONTRAINTE PAR CORPS ?

Voy. règle générale de l'art. 2063 (voy. aussi 126 et 505 Proc.); distinction entre les cas où la contrainte par corps est *obligatoire*, et ceux où elle n'est que *facultative* pour le juge, sans qu'ils puissent jamais la prononcer d'*office*.

Art. 1er. — *Contrainte par corps obligatoire pour les Tribunaux.*

Aperçu général.

N° 1. — *Cas où la loi ordonne la contrainte par corps.*

I. L'art. 2059 le veut ainsi contre le débiteur convaincu du *délit civil* ou *de la fraude* qu'on nomme *stellionat* ; qu'est-ce à dire ? 2059 ; add. 2156 *infr*.

II. L'art. 2060, complété par les art. 1782 et 1952 et par la loi du 13 décembre 1848 art. 3, énumère sept autres cas, dans lesquels, pour des motifs très-bien fondés, la contrainte par corps *doit* être prononcée par les Tribunaux, et qui né-cessiteront quelques observations.

III. Le Code de procédure contient plusieurs dispositions soit confirmatives des précédentes (voy. 603, 604, 688), soit *additionnelles* (voy. 685, 712, 740).

Nº 2. — *Cas où le débiteur* a pu se soumettre lui-même *à la contrainte par corps.*

1º De ces conventions en général. Voy. 6, 1128 et 2063 comb. avec 3 § 2.

2º Voy. par exception l'art. 2060 5º; l'art. 2062 § 1 a été abrogé, à cet égard, par l'art. 2 de la loi du 13 décembre 1848.

Art. 2. — *Contrainte par corps* facultative *pour les Tribunaux.*

I. Voy. le cas de l'art. 2061, rapproché du *jussus arbi-traire* (L. 68 § 1 ff. *de rei vind.*), et de la *condemnatio* dans la *formule pétitoire* des Romains (Gaius IV, 48).

II. Cas de l'art. 2062 § 2.

III. Ajoutez plusieurs dispositions du Code de procédure à cet égard. Voy. 126, 127; 513, 534, etc.

SECTION II. — DE QUELLE VALEUR DOIT ÊTRE LA DETTE POUR QUE LA CONTRAINTE PAR CORPS PUISSE ÊTRE PRONONCÉE DANS LES CAS PRÉCÉDENTS.

L'art. 2065 s'est borné à fixer un *minimum* ; add. L. de 1832, art. 14, voy. cep. 126 1º.

SECTION III. — QUELLES PERSONNES SONT CONTRAIGNABLES PAR CORPS.

I. Motifs généraux de la loi à cet égard.

II. Règles de détail.

1º Quant aux *mineurs émancipés ou non*, voy. l'art. 2064.

2º Quant aux *hommes* qui ont commencé leur *soixante-dixième* année, et quant aux *femmes* ou *filles majeures*, voy. l'art. 2066 (add. loi de 1832, art. 18), contenant la règle et quelques modifications.

3º L'art. 19 de la loi du 17 avril 1832, complété par l'art. 10 de celle du 13 décembre 1848, prononce des exemptions fondées sur la *parenté* ou l'*alliance* jusqu'à un certain degré, entre le créancier et le débiteur.

4º Voy. sages et humaines dispositions portées dans l'intérêt des familles, par l'art. 21 de la loi de 1832, et l'art. 11 de celle de 1848.

SECTION IV. — PENDANT QUELLE DURÉE LA CONTRAINTE PAR CORPS PEUT AVOIR LIEU.

I. La contrainte par corps ne doit pas, d'après son but, être indéfinie.

II. Fixation du *minimum* et *maximum*, entre lesquels le *juge* doit déterminer la durée de la contrainte (Loi de 1848, art. 12, et loi de 1832, art. 7), sans être lié, pour cette durée, par le chiffre de la dette *civile*.

III. Explication de la disposition spéciale de l'art. 27 de la loi du 17 avril 1832.

SECTION V. — RÈGLES SUR LA MISE A EXÉCUTION DE LA CONTRAINTE PAR CORPS.

I. *Contrainte par corps proprement dite*, ou par voie d'*arrestation* ou d'*emprisonnement*.

1º Le Code de procédure règle le mode d'exercice de cette contrainte (art. 784 et suiv., add. L. de 1832, art. 20, et L. de 1848, art. 7).

2º La loi de 1832 autorise l'*arrestation provisoire* d'un étranger, en vertu d'une ordonnance du président du Tribunal, rendue suivant l'art. 15 de cette loi.

II. *Contrainte par corps pour l'exécution d'un jugement ordonnant le délaissement d'un fonds.*

Il y a ici d'autres formes à suivre que ci-dessus : elles résultent des règles générales sur l'*exécution forcée* des jugements *manu militari.*

Section vi. — Comment cesse la contrainte par corps.

1º Par l'*extinction de la dette,* en principal, intérêts, et frais relatifs à la contrainte par corps : 798, 800 et 802 Proc., add. L. de 1832, art. 24 à 26.

2º Par la *renonciation* du créancier, *expresse* ou *légalement présumée* (800 4º et 804 Proc., L. 1832, art. 51).

3º Par l'*expiration du temps* fixé pour sa durée.

4º Par *bénéfice d'âge* (800 5º Proc.).

5º Par l'admission du débiteur au bénéfice de *cession de biens* (800 5º Pr., et 1270 Cod. Nap.).

Appendice au titre XVI.

De la contrainte par corps dans d'autres matières que la matière civile.

Voy. l'art. 2070 comb. avec les dispositions spéciales à ces matières, contenues dans les lois du 17 avril 1832 et du 25 décembre 1848.

TITRE XVII.
DU NANTISSEMENT.
APERÇUS GÉNÉRAUX.

I. Notion du contrat de nantissement : 2071 comp. à 2011.

II. Coup d'œil historique.

III. A quelles classes de contrats appartient celui de nantissement?

IV. Deux espèces de nantissement selon l'objet qui en forme la matière : 2072. — Règles communes à l'une et à l'autre ; règles spéciales. — Division du titre.

CHAPITRE PREMIER.
Du gage.

§ 1. — *Quelles choses mobilières peuvent être données en gage.*

Voy. 2072, 2075 et 2081.

§ 2. — *Des effets du contrat de gage.*

Il faut voir les *droits* conférés et les *obligations* imposées au créancier gagiste.

Art. 1er. — *Droits conférés au créancier gagiste et conditions d'où dépend l'existence de ces droits.*

Nº 1. — *Droits du créancier considérés en eux-mêmes.*

I. Droit *principal*, qui est le *but final* du contrat.

C'est un *privilége spécial* sur la chose donnée en gage : 2075, 2101 2º ; — comb. avec 2078 *in pr.*, 2079 *in pr.* ; voy. 2078 § 2 comp. à L. ult. Cod. *de pactis pign.*

II. Droits *accessoires* du créancier, ayant pour but d'*assurer* le privilége (2079 *in fin.*) : — ils se résument dans la *détention* du gage.

1º Nature et caractéres de cette détention : 2079.

2º Ses conséquences pratiques pour la *jouissance* des fruits du gage : 547 comp. à 2085 § 2, 1134 ; — pour l'usucapion de la chose par le gagiste : 2236, 2279 ; — en cas d'aliénation de la chose par le débiteur : 2075, 2079 *in fin.*, 2082 1º, etc., etc.

III. Droits du gagiste dans le cas de mise en gage d'une créance ? 2081 comb. avec 1254.

Nº 2. — *Conditions d'existence et d'exercice des droits du gagiste.*

I. Conditions relatives aux rapports du gagiste et du débiteur : — outre la mise en possession : voy. 1341 et suiv. : *quid* des art. 1525 et 1326 ?

II. Conditions relatives aux rapports du gagiste et des autres créanciers du débiteur.

1° Formalités à remplir.

En cas de gage en *objets corporels*, voy. 2074 complété par l'art. 1328.

En cas de gage en *meubles incorporels*, voy. 2075 comb. avec 1328 et 1690. — *Quid* s'il s'agit de *valeurs à ordre* ou au *porteur* ?

2° Mise et maintenue en possession : 2076.

Art. 2. — *Obligations du créancier gagiste résultant directement du contrat de gage.*

I. Obligation de conserver : voy. 1136 : add. 2079 comp. à 1927, 2087 § 1, 1137 et 2082 § 1.

II. Perception par le créancier, comme mandataire tacite du débiteur, *des fruits* que la chose engagée peut produire. — Arg. 2081.

III. Restitution du gage après la libération du débiteur : 2082 § 1, 1234.

Il faut ici quelques détails :

1° Explication de l'art. 2082 § 2 rapproché de la loi *Unic.* Cod. *Etiam ob chirograph. pecun.*

2° Cas du *paiement partiel* de la dette. Voy. 2083 ; add. arg. 2087 § 2.

3° *En l'absence même de paiement,* le créancier peut être tenu de restituer le gage. Voy. arg. 2082 *in pr.*, 1382 ; voy. cep. 1302 et 1243.

IV. Le créancier *doit compte* au débiteur *de l'excédant du prix* ou *de la valeur de l'objet,* dans le cas de l'art. 2078.

Art. 3. — *Des obligations du débiteur envers le gagiste, à l'occasion d'impenses faites pour la chose donnée en gage.*

Voy. l'art. 2080 § 2 comb. avec 1375. — Le contrat n'en devient pas synallagmatique parfait.

Art. 4. — *Des effets du gage quand c'est un tiers qui a engagé sa chose pour le débiteur* (2077).

I. Rapports juridiques des gagistes et du tiers qui a consenti le gage.

II. Rapports du débiteur et du tiers : 2078 § 1, arg. 2028 § 1, 1999, 1575.

§ 2. — *Capacité des parties pour former le contrat de gage.*

I. Les règles de cette capacité correspondent aux effets, ci-dessus indiqués, comme dérivant du contrat de gage. Voy. 1124, arg. 2124.

II. Du gage fourni avec la chose d'autrui, sans la volonté du propriétaire : 1165 comb. avec 2279.

APPENDICE AU CHAPITRE Ier.

L'art, 2084 contient un renvoi au *Droit commercial* (voy. not. Cod. de comm., liv. 1, t. 6 modif. par la loi du 23 mai 1865) et au *Droit administratif,* pour certaines variétés de gages régies par des principes exceptionnels comme les circonstances qui y donnent lieu.

CHAPITRE II.

De l'antichrèse.

§ 1er. — *Notions générales.*

I. L'art. 2085 § 2 donne la notion de l'antichrèse.

II. Coup-d'œil historique.

III. Quels immeubles peuvent être donnés en antichrèse et par qui? arg. 2124 et 2125, 2090 et 2077.

§ 2. — *Effets du contrat d'antichrèse.*

Ces effets constituent les *droits* et les *obligations* résultant de l'antichrèse.

Art. 1er. — *Droits conférés par le contrat au créancier antichrésiste et conditions de leur exercice.*

N° 1. — *Droits du créancier.*

I. Perception des fruits en déduction de la dette : 2085 § 2 ; voy. cep. 2089 comb. avec 1. du 3 sept. 1807.

II. Détention de la chose : caractère légal de cette déten-

5

tion (2256 et 2258), et son effet conservateur de la créance : 2248 et 2262 comb.

III. Explication de l'art. 2088 rapproché de l'art. 742, Proc.

IV. Des droits du créancier antichrésiste dans leurs rapports avec ceux d'hypothéque ou de privilége, qu'il peut avoir lui-même ou que peuvent avoir d'autres créanciers du même débiteur : 2091, 2085 et 2127 comb.

N° 2. — Conditions d'exercice des droits des créanciers.

I. Conditions de forme : 2085 § 1.

II. Mise en possession et conservation de cette possession : arg. 2071, 2072, 2076, etc.

III. Voy. l. du 23 mars 1855, art. 2 et 3.

Art. 2. — Obligations du créancier.

I. Conservation de la chose : voy. 1137 ; add. 2080 § 2, 618, arg. 2082 1°.

II. Compte des fruits, sauf imputation ou convention contraire : 2085 et 2089.

III. Charges de la jouissance de l'antichrésiste : 2086 § 1.

IV. Restitution de l'immeuble après libération du débiteur : 2087 § 1 ; add. 2082 § 1, 2085, 2090 ; mais voy. 2087 § 2.

Art. 3. — Droits et obligations dérivant de l'antichrèse quand l'immeuble a été fourni par un tiers.

Voy. supra les régles du gage, en cas pareil.

§ 3. — Régles de capacité, déduites des effets que doit produire l'antichrèse.

I. Capacité requise pour consentir à grever un immeuble d'antichrèse : 1124, arg. 2124, 595, etc. — Quid si l'on a donné en antichrèse l'immeuble d'autrui sans le concours du propriétaire ? 1165, 2236, 1134.

II. Capacité pour recevoir un immeuble en antichrèse : 1124.

APPENDICE AU TITRE XVII.

Du contrat dit pignoratif.

Quelques notions sur ce contrat, suspect à si juste titre, et sur les suites qu'il peut avoir.

TITRE XIX [1].

DE L'EXPROPRIATION FORCÉE (DES IMMEUBLES).

N° 1. — *Aperçus généraux.*

I. L'expropriation est à la fois un *moyen de contrainte* et un *mode de transmission de la propriété.*

II. Comment elle est opérée : 712 et 742. Proc. — Renvoi pour les formalités de procédure à cet égard : 673 et suiv. Proc.; voy. 2217 §§ 1 et 2.

N° 11. — *Détails principaux du sujet.*

I. Quels biens immeubles on peut exproprier.

1° Voy. 2204; add. l. 21 avril 1810, art. 8 et 19 à 21 ; décr. 18 janv. 1808, art. 7, etc.

2° Cas d'immeuble indivis entre le débiteur à exproprier et d'autres personnes : 2205; add. 1476 et 1872.

3° Cas où il s'agit d'un immeuble appartenant à un mineur ou à un interdit. Voy. 2206 et 2207.

4° Les art. 2209, 2010 et 2011, complétés par la loi du 14 nov. 1808, règlent un certain ordre à suivre dans l'expropria-tion des divers immeubles des débiteurs, ou dans le cas où les immeubles sont situés dans des arrondissements différents.

5° Règles spéciales des lois administratives concernant les immeubles appartenant à certaines personnes morales (L. du 18 juillet 1857, art. 46; décret du 25 mars 1852, art. 1er, tableau A, nos 44 et 55), et des lois commerciales par rapport aux immeubles appartenant à un débiteur commerçant tombé en faillite (571 et 572 com.). — Renvoi.

(1) Ce titre précède ici le titre xviii des *Priviléges et hypothèques,* parce que son explication doit éclaircir d'avance quelques points de ce dernier titre.

II. Qui peut poursuivre l'expropriation et pour quelles dettes?

1° Règles ordinaires : voy. comb. des art. 2092, 2215 Cod. civ., modif. par les art. 155, 158 et 159 Proc. ; 2213 Cod. Nap. et 551 Proc. ; 877 Cod. civ. ; 2216.

2° Cas où c'est le cessionnaire du créancier qui veut exproprier : 2214 et 1690 comb.

III. Contre qui doit être poursuivie l'expropriation.

Ceci n'a pas d'intérêt quand il s'agit d'un débiteur ayant pleine et entière capacité juridique pour aliéner ses biens.

Mais il en est autrement quand le débiteur est plus ou moins incapable et placé sous l'autorité d'autrui ; ou si l'expropriation doit atteindre des *biens de communauté* ou des *propres* de la femme *commune*. Voy. 2208, qu'il faut compléter.

IV. Devant quel tribunal l'expropriation doit être poursuivie : 59 et 675 5° Proc. ; 2210 § 2 Cod. civ.

V. Cause spéciale de suspension des poursuites dans le cas prévu par l'art. 2212, dont il faut bien peser les conditions.

VI. Effet *translatif* de l'expropriation opérée par l'adjudication. Voy. 712 et 717 Proc. ; add. l. 23 mars 1855, article 1er et l. 21 mai 1858, art. 717. — Renvoi.

VII. Confection de l'ordre et de la distribution du prix des immeubles entre les créanciers ; — renvoi *pour les formes*, au Code de procédure, modifié, en ce point, par la loi du 21 mai 1858, et, pour les *bases de l'opération*, au titre *des privilèges et hypothèques*.

APPENDICE AU TITRE XIX.

De l'expropriation forcée des meubles.

Le Code Napoléon ne consacre aucun titre spécial à cette matière. Voy. cep. 2092, arg. 2079 *in pr.* et 2206 comb. — Pour la distribution du prix des meubles saisis et vendus, renvoi, *ut suprà*, au Code de procédure et au titre *des privi-léges* et *hypothèques*.

TITRE XVIII.

DES PRIVILÉGES ET HYPOTHÈQUES

ÉTUDE PRÉPARATOIRE A CETTE MATIÈRE.

Explication des art. 1 à 5 de la loi du 23 mars 1855, *sur la transcription en matière hypothécaire*, et des art. 2196 à 2203 Cod. civ.

I. Rappel des notions historiques déjà vues, sur la transmission de la propriété immobilière, par l'effet des conventions, et sur le système admis par le Code Napoléon. Voy. 1138, 1140, 1583 : add. 2181.

II. De la formalité de la *transcription* en cette matière. Voy. 939 et suiv. Cod. civ. — But général de la loi du 23 mars 1855.

III. Organisation des *Conservations hypothécaires* : — Détails pratiques : devoirs et responsabilité des conservateurs : L. 21 vent. an VII, art. 2196 à 2200 et 1382 Cod. civ. L. 23 mars 1855, art. 5.

IV. Deux modes de publicité des actes juridiques : — Division du sujet.

SECTION Iʳᵉ — DE LA PUBLICITÉ PAR TRANSCRIPTION.

§ 1. — *Notion spéciale et nature juridique de la transcription.*

§ 2. — *Des actes qui sont soumis à la transcription.*

Distinction entre les *actes* constatant des *faits juridiques volontaires* ou des *jugements*.

Nᵒ 1. — *Transcription des actes constatant des faits juridiques volontaires.*

I. Les art. 1 et 2 de loi du 23 mars 1855 indiquent les droits qui font soumettre à la transcription les actes qui en constatent soit l'établissement, soit la transmission, soit l'abandon ou la modification.

II. Les actes dont s'agit doivent avoir eu lieu entre-vifs. Voy. les art. 1 et 2 ci-dessus ; voy. cep. art. 11 § ult. ; L. 3 mai 1841, art. 15 et suiv.

N° 2. — *Transcription des jugements.*

Voy. les art. 1 et 2 comb. avec les art. 717 § 1 Cod. proc., *à contr.* 883 Cod. civ. ; voy. cep. L. 3 mai 1841, art. 15 et suiv.

§ 3. — *A la diligence de qui, où et comment la transcription
est accomplie.*

I. A la diligence de qui ?

II. Où ?

III. Comment ? — Mention spéciale de 2200.

§ 4. — *Effets de la transcription ou de son omission.*

I. Entre les parties contractantes.

II. A l'égard des tiers.

1° Explication spéciale de l'art. 3 de la loi de 1855.

2° Applications principales de ses dispositions.

3° Qui peut ou non opposer le défaut de transcription.

SECTION III. — DE LA PUBLICITÉ PAR SIMPLE MENTION.

Explication de l'art. 4 de la loi du 25 mars 1855.

EXPLICATION SPÉCIALE DU TITRE XVIII DU CODE NAPOLÉON ET DES ART. 6 A 10 DE LA LOI DU 23 MARS 1855.

APERÇUS PRÉLIMINAIRES.

I. Rappel du droit de gage imparfait des créanciers sur les biens du débiteur : 2092. — Son insuffisance : 2093 *in pr.*

II. Divers moyens juridiques successivement introduits pour remédier à cette insuffisance. — Sûretés *hypothécaires* (sens lat.).

III. Problème à résoudre par la loi hypothécaire : sa solution générale par la concession à certains créanciers d'un droit de préférence (2095 *in fin.*) et d'un *droit de suite* (2166), organisé de manière à ne pas enrayer inutilement l'exercice du *droit de disposer* (2179, 2181 et suiv.). — Idée générale de l'*hypothèque* (2114 § 1, 2134) et des *priviléges* (2096) comparés : comment ils produisent le *droit de préférence* et le *droit de suite*. — Renvoi des détails.

IV. Coup-d'œil historique sur la législation hypothécaire antérieure au Code civil : — Système adopté par le Code. — Règles d'interprétation en cette matière.

V. Division du sujet en quatre chapitres.

CHAPITRE PREMIER.

Des biens susceptibles d'être affectés de privilége ou d'hypothèque.

I. Il ne peut être question que de biens qui sont dans le commerce.

II. Tous les biens qui sont dans le commerce ne sont pas également susceptibles de *privilége* et d'*hypothèques*.

1º Différence entre les *meubles* et les *immeubles*, sous ce rapport : 2099, 2114, 2119.

2º Tous les genres d'immeubles ne peuvent être hypothéqués. Voy. 2118 comb. avec 2204 : — Détails à ce sujet.

3º De l'hypothèqne des biens d'autrui : 2059 ; arg. 2077.

CHAPITRE II.

Des créanciers auxquels appartient la qualité de privilégiés ou d'hypothécaires.

SECTION Iʳᵉ. — DES CRÉANCIERS PRIVILÉGIÉS.

I. Rappel de la notion du privilége : 2095.

II. Diverses espèces de priviléges sur *les meubles* et *les immeubles*.

§ 1er. — *Des priviléges sur les meubles.*

Art. 1er. — *Priviléges généraux sur les meubles.*

I. Cinq classes de créances auxquelles la loi accorde une faveur si étendue : 2101.

II. Détails sur chacune de ces créances.

Art. 2. — *Priviléges spéciaux sur certains meubles.*

L'art. 2102 indique les créances ainsi privilégiées : Triple base de ces priviléges.

Nº 1. — *Priviléges basés sur le nantissement du créancier.*

CAS DE NANTISSEMENT EXPRÈS.

C'est la situation du créancier gagiste : 2102 2º.

CAS DE NANTISSEMENT TACITE.

I. Le bailleur : 2102 1º.

1º Qui peut, à ce titre, réclamer le privilége.

2º Quels objets sont affectés à ce privilége.

3º Quelles créances sont ainsi garanties.

4º Explication spéciale du dernier alinéa de cette partie de l'art. 2102.

II. L'aubergiste : 2102 5º et 1952 comb.

III. Le voiturier : 2102 6º et 1782 comb.

IV. Les créanciers, pour *faits de charge,* d'un fonctionnaire ou officier ministériel soumis à un *cautionnement réel* : 2102 2 ult. et 2076 *in fin.* — Du *privilége de second ordre* en cette matière : L. 25 nivôse et 6 vent. an XIII ; décr. 26 août 1808 ; décr. 22 décemb. 1812.

Nº 11. — *Créanciers privilégiés, comme ayant mis l'objet dans le patrimoine du débiteur, sous réserve de ce qui leur est dû à cette occasion.*

I. Créanciers, déjà vus, qui se rattachent aussi à ce chef.

II. Le vendeur d'effets mobiliers : 2102-4º.

1º Conditions de ce privilége vis-à-vis du vendeur et par rapport à l'objet affecté du privilége.

2º Créances garanties par le privilége.

3º Comme *appendice* au *privilége du vendeur*, il faut 1º rappeler *l'action résolutoire* (1654 et 2279 comb,); 2º s'occuper spécialement du droit *de revendication spéciale* dont parle l'art. 2102-4º, 2ᵉ *alinéa*. — Voy. aussi 550, 576 et suiv. Cod. com.

Nº 111. — *Créanciers privilégiés sur certains meubles pour les avoir* conservés *dans le patrimoine du débiteur.*

Voy. 2102-3º; add. 2102-6º et arg. 507 Cod. com.

§ 2. — *Des priviléges sur les immeubles.*

Nº 1. — *Priviléges généraux sur les immeubles.*

Voy. 2104 comb. avec 2101 et add. 2105 *in pr.*

Nº 2. — *Priviléges spéciaux sur les immeubles.*

L'art. 2105 en indique cinq. — Leur base.

I. Privilége du vendeur d'immeuble non payé. — 2105-1º.

1º A qui il appartient.

2º Pour quelles créances.

3º Comme appendice : rappel de l'action résolutoire : 1654; voy. cep. 717 § 2, Proc. et loi du 23 mars 1855 art. 7.

II. Privilége du bailleur de fonds pour acheter : 2105-2º comp. à 1250-3º.

III. Privilége spécial en faveur des cohéritiers pour la garantie des partages, etc., 2103-3º.

1º A qui il appartient. 2103, 1075, 1476, 1872.

2º Pour quelles causes. 2103 comb. 2109.

3º Sur quels immeubles. 2103.

IV. Privilége des architectes, entrepreneurs, maçons, etc., 2105-4º.

1º A qui il appartient.

2º Pour quelles créances.

3º Sur quelles valeurs : — leur constatation.

V. Privilége du bailleur de fonds pour payer ou rembourser les ouvriers, 2105-5º.

SECTION II. — DES CRÉANCIERS HYPOTHÉCAIRES.

I. Notion spéciale de l'hypothèque : 2114.

II. Caractères de l'hypothèque, d'après cette notion. 2114 : add. 1221 ; comparaison avec le privilége.

III. Diverses espèces d'hypothèques, d'après leur *source* (2116 et 2117), — les *créances* qu'elles garantissent — et les *biens* qu'elles grèvent.

§ 18. — *Des hypothèques légales.*

I. Notion de l'hypothèque légale : 2117-1° et 2121.

II. A quels droits et créances elle est attribuée : 2121 ; add. 1017, 2113.

III. Caractères des hypothèques légales.

Art. 1er. — *Hypothèque légale des femmes mariées sur les biens de leur mari.*

I. Coup-d'œil historique : mention spéciale de la loi *Assiduis*, 12, Cod., *qui pot. in pign.* et de la loi du 12 brumaire an VII.

II. Qui peut se prévaloir de cette hypothèque légale.

III. Pour quels droits et créances cette hypothèque est accordée.

1° Disposition générale de l'art. 2121.

2° Énumération non limitative de l'art. 2135, dont il faut cependant étudier spécialement chacune des dispositions : add. 1540, 1431, 2032, 1450, etc.

IV. A dater de quelle époque l'hypothèque légale de la femme mariée prend-elle rang ? 1572, 2134, 2135 et 2194 comb. : renvoi.

V. Sur quels biens du mari porte l'hypothèque légale de la femme mariée ? 2122 ; voy. même 952, 1054. — Add. cep. 2140, 2144 et suiv. renvoi.

Art. 2. — *Hypothèque légale des mineurs et interdits sur les biens de leur tuteur.*

I. Coup-d'œil historique.

II. En faveur de qui et contre qui existe cette hypothèque.
2121 comp. à 389, 481, 393, 499, 513, 396, 417, 365,
420, 424 Cod. civ., 29 Pén., l. 31 mai 1854; voy. l. 30
juin 1838, art. 34.

III. Créances garanties par cette hypothèque.

IV. A dater de quelle époque elle prend rang : 2135, 2194
et 418 comb.

V. Sur quels biens du tuteur cette hypothèque s'étend :
2121 et 2135. Voy. cep. 2144, 2143 et suiv. — Renvoi.

Appendice aux deux articles précédents.

Nᵒ 1. — *De la restriction des hypothèques légales des femmes mariées et
des mineurs ou interdits.*

I. Restriction à l'époque du mariage ou au début de la
tutelle. Voy. 2140 comp. à 1398 et 1089, et l'art. 2141 : —
conséquences de cette restriction.

II. Restriction pendant le mariage ou la tutelle : — formes
et effets de cette restriction : 2161 *in fin.* et 2159 comb. :
2145 et suiv., comb. avec 450 et suiv., 420 § 2.

Nᵒ 2. — *Trois questions communes aux hypothèques des femmes mariées et
des mineurs ou interdits.*

PREMIÈRE QUESTION : Ces incapables ont-ils l'hypothèque
légale à raison d'actes qu'ils peuvent d'ailleurs faire *annuler*
ou *rescinder* ? Détails spéciaux à la femme mariée.

DEUXIÈME QUESTION : La dissolution du mariage ou la fin
de la tutelle enlève-t-elle aux créances de la femme mariée
et des mineurs ou interdits la sûreté de l'hypothèque légale ?
Voy. av. du C. d'Ét. des 5-8 mai 1812 ; mais add. loi du 25
mars 1855, art. 8. — Renvoi.

TROISIÈME QUESTION : L'hypothèque légale s'étend-elle aux
biens acquis postérieurement à la dissolution du mariage ou
à la fin de la tutelle ?

Art. 3. — *Hypothèque légale de l'Etat, des communes et des établissements publics sur les biens des receveurs et autres comptables.*

Voy. 2121 et 2122 complétés par la loi du 5 sept. 1807 ; voy. cep. l. du 16 sept. 1807, art. 15.

§ 11. — *De l'hypothèque judiciaire.*

I. Notion spéciale et historique. 2117 et 2123 *in pr.*

II. D'où et comment procède cette hypothèque.

III. Quels sont les jugements et actes judiciaires d'où peut résulter l'hypothèque judiciaire : 2123 Cod. civ. 712, 730 Proc. : détails spéciaux sur les jugements de vérification d'écritures privées : voy. l. 5 sept. 1807.

IV. Quels biens atteint cette hypothèque : 2123 : voy. l. 30 juin 1838, art. 54, et l'art. 2161 et suiv. Cod. civ. sur la *réduction* des hypothèques judiciaires excessives, sur ses effets et sur les *suppléments* d'hypothèque. Arg. 2131, arg. 2164 *in fin.*

V. De l'hypothèque résultant des jugements et contraintes en matière administrative : voy. av. du C. d'Ét., approuvé le 25 therm. an X, — autre du 12 nov. 1811. — Renvoi.

§ 5. — *De l'hypothèque conventionnelle.*

APERÇUS GÉNÉRAUX.

I. Notion spéciale. — **2114, 2117.**

II. Quelles obligations peuvent être ainsi garanties : voy. **2012, 2132** *in med.*

III. Il ne s'agit ici que des conditions de validité et des caractères de la convention ayant spécialement pour objet l'établissement de l'hypothèque : — division du sujet.

Art. 1er — *De la capacité en cette matière.*

I. Capacité du créancier.

II. Capacité de celui qui concède l'hypothèque.

1° Etre capable de s'obliger : **2124, 217, 1576,** etc. — Voy. cep. **7** Cod. com.

2° Etre propriétaire de l'immeuble hypothéqué : voy. 1599, 2059 : voy.. cep. l. 23 mars 1855, art. 3, et art. 1507 et 1508 Cod. civ ; add. 2125, 865, 929, 952, 954, 1673, etc.

3° Etre capable d'aliéner l'immeuble à affecter : 2124, 2126, 457, 458, 484, 499, 513 : add. 1554.

4° Sanction : 1125, 1304, 2182 § 2, 1599, 2059.

5° Ratification des hypothèques consenties par des *incapables* (rappel de 1338) ou *à non domino*. Voy. l. 41 ff. *de pign. act.* et l. 22 ff. *de pign. et hyp.*

Art. 2. — *De la forme de la concession hypothécaire.*

I. L'art. 2117 en fait un contrat *solennel*.

II. Formes de l'acte constatant la concession d'hypothèque : 2127 ; voy. 54 *in fin.* Proc. — Il faut stipulation *expresse* à cet égard.

III *Quid* de l'acceptation du créancier ? — De l'emploi d'un mandataire pour la concession ? Voy. 1985, 56, 66, 932, loi du 21 juin 1843, art. 2 comp.

Art. 3. — *De la spécialité des hypothèques conventionnelles.*

Ce qu'il faut entendre par là.

I. De la spécialité, sous le rapport de la créance garantie : voy. 2132.

II. De la spécialité quant aux immeubles affectés :

1° L'art. 2129 pose le principe : voy. cep. l. 3 sept. 1807 art. 1 *in fin.*

2° Application du principe : extension de l'hypothèque aux améliorations de la chose : 2133.

3° Prohibition d'hypothéquer les biens à venir : 2129 *in fin.* ; voy. cep. 2130.

4° Irréductibilité des hypothèques conventionnelles : 2161 *in fin.*, 1134.

5° Des suppléments d'hypothèques : 2131, 1128.

APPENDICE AU CHAPITRE II.

SECTION Ire. — DES PRIVILÉGES ET HYPOTHÈQUES AU POINT DE VUE INTERNATIONAL.

Aperçu et division de ce sujet compliqué.

§ 1er. — *Des priviléges.*

§ 2. — *Des hypothèques.*

I. Cas expressément réglés par la loi.

1° Hypothèques judiciaires : 2123, § ult. comp. à l'article 121 de l'ord. de 1629. — Controverses.

2° Hypothèques conventionnelles : 2128.

II. Cas non expressément réglés par la loi.

1° Hypothèque légale des femmes mariées sur les biens du mari ; branches multiples de la question.

2° Hypothèque légale des mineurs et interdits sur les biens des tuteurs.

SECTION II. — DE LA SÉPARATION DES PATRIMOINES DANS SES RAPPORTS AVEC LA LOI HYPOTHÉCAIRE.

I. Rappel des notions données, en seconde année, sur cette matière.

II. L'art. 2111 s'en occupe pour soumettre la séparation des patrimoines à une condition de publicité, dont les détails seront examinés plus bas, et il la qualifie de *privilége* : en quel sens ? — Il est quelquefois transformé en *hypothèque* : 2113 *infrà*.

III. Ne pas confondre la séparation des patrimoines avec l'hypothèque accordée aux légataires par l'art. 1017.

CHAPITRE III.

Des effets produits par l'affectation hypothécaire ou privilégiée.

Division du chapitre.

PREMIÈRE PARTIE.

DES EFFETS DE L'AFFECTATION HYPOTHÉCAIRE OU PRIVILÉGIÉE ENTRE LE *créancier* ET LE *débiteur*.

Combin. 2166, 2076, 2088, 1188 et 2131.

DEUXIÈME PARTIE.

DES EFFETS DE L'AFFECTATION HYPOTHÉCAIRE OU PRIVILÉGIÉE ENTRE LES DIVERS CRÉANCIERS, OU *exercice du droit de préférence.*

Il ne s'agit ici que du concours des créanciers après expropriation forcée et nullement des rapports de ces créanciers avec l'adjudicataire ; or, après avoir composé la *masse à distribuer*, il faut voir les règles pratiques du classement des créanciers pour la distribution soit *mobilière*, soit *immobilière.*

SECTION Ire. — DISTRIBUTION MOBILIÈRE.

I. Entre quelles espèces de créanciers le concours peut ici avoir lieu : 2119, 2099.

II. Bases générales du classement des créanciers privilégiés : 2095, 2096, 5097 : — *potior causâ, potior jure.*

III. Priviléges généraux : 2101.

IV. Concours des priviléges spéciaux entre eux : le Code est incomplet à cet égard.

V. Concours des priviléges généraux et des priviléges spéciaux : même observation.

SECTION II. — DISTRIBUTION IMMOBILIÈRE.

I. Entre quels créanciers la lutte peut s'engager : 2094, 2095, 2099, 2114. — Comment entendre la préférence accordée aux *priviléges* sur les *hypothèques ?*

II. Division de la section.

§ 1er. — *Ordre ou rang des créanciers hypothécaires entre eux.*

Art. 1er. — *Règles théoriques du classement.*

I. *Potior tempore, potior jure.*

II. La date du droit est fixée en général par la *publicité* qu'il reçoit au moyen d'une *inscription* : 2134. — Il y a cependant des exceptions : 2135.

III. Examen détaillé de ces exceptions, soit pour l'hypothèque légale des mineurs ou interdits, soit pour celle des femmes mariées, dont le rang, indépendant de toute inscription, est diversement fixé par la loi : 2135 étudié en ses divers §§.

IV. Conciliation de la conservation sans inscription des droits des incapables avec l'intérêt des tiers : 2136 à 2139 et 2142.

V. L'art. 8 de la loi des 23 mars 1855 a modifié le Code civil concernant ces hypothèques occultes.

VI. Règles spéciales sur l'inscription *obligée ou facultative* des hypothèques, considérée en elle-même.

1° Où elle doit être prise : 2146.

2° Par qui elle *peut* ou *doit* être prise : 2148.

3° Pièces à présenter au conservateur. — Des bordereaux : 2148 et 2153 comp.

4° Devoirs du conservateur pour l'inscription : 2199, 2200, 2150.

5° Sanction des règles précédentes.

6° Frais d'inscription : 2155.

7° Compétence en cette matière : 2156 Cod. Nap. et 59 Pr.

8° Influence de la faillite du débiteur ou de l'acceptation bénéficiaire de sa succession : 2146 Cod.. civ., 446 à 448 Cod. comm.

VII. Nécessité du renouvellement décennal des inscriptions sous peine de *péremption* : 2154, renvoi.

Art. 2. — *Application des règles sur le classement hypothécaire:*

I. Concours de simples hypothèques conventionnelles spéciales : 2154 et 2147 : observations sur les créances *à terme* ou *éventuelles.*

II. Concours d'hypothèques conventionnelles inscrites et d'hypothèques légales *dispensées* d'inscription.

III. Concours d'hypothèques *générales*, comme les hypothèques judiciaires, avec des hypothèques *spéciales* inscrites les unes et les autres à des dates diverses; graves difficultés : il y a plusieurs hypothèses à distinguer.

§ 2. — *Ordre ou rang des créanciers privilégiés sur les immeubles.*

Art. 1er. — *Règles théoriques de la matière.*

I. Bases générales du classement des priviléges : 2095, 2096, 2097 ; mais condition spéciale de publicité : 2106 *in pr.*; voy. cep. 2107.

II. Détails importans sur cette publicité.

1o Mode *ordinaire* de publicité par *inscription* : 2106 *in med.*, 2109, 2111 ; — modes exceptionnels pour le *vendeur* (2108), l'*architecte*, l'*entrepreneur*, etc. (2110), ou les *bailleurs de fonds* pour payer l'un ou l'autre (2108 et 2110).

2o Y a-t-il un délai dans lequel le privilége doit être rendu public?

Pour les copartageants, voy. 2109 et pour les séparatistes, voy. 2111 : en quel sens les délais indiqués par ces articles sont-ils imposés?

Quant au vendeur, architecte, etc., et bailleurs de fonds, voy. 2108 et 2110 comb. avec *arg. à contr.* de l'art. 6 de la loi du 23 mars 1855.

Quid des art. 2146 § 2 et 2154?

3o Quelle est la portée de la publicité exigée pour les priviléges immobiliers quant au rang des priviléges? 2106 comp. à 2134 et comb. avec 2113 et 2110.

4o Sanction des règles précédentes : précisions à faire. Voy. 2109, 2111, 2113 ; — mention et renvoi de l'art. 6 de la loi du 23 mars 1855.

Art. 2. — *Application des règles précédentes pour le classement des priviléges immobiliers.*

I. Concours des priviléges *généraux* entre eux ou avec des priviléges *spéciaux* : 2101 et 2105.

II. Concours entre les *priviléges spéciaux* : renvoi de 2103 1°, alin. 2.

III. Classement des *créanciers séparatistes* : arg. 2111.

IV. Classement des priviléges dégénérés en simples hypothèques légales : 2113 et 2134 comb.

SECTION III. — DU RANG DE PRÉFÉRENCE ATTRIBUÉ AUX ACCESSOIRES DES CRÉANCIERS PRIVILÉGIÉS OU HYPOTHÉCAIRES.

§ 1er. — *Des intérêts de ces créances.*

I. Théorie du sujet.

II. Application détaillée.

1° En matière de distribution mobilière : arg. à contr. de 2151 : add. 2277.

2° En matière de distribution immobilière :

Quant aux intérêts *échus* lors de l'inscription : voy. 2148-4°.

Quant aux intérêts *à échoir* après l'inscription : voy. 2151 dont l'explication détaillée exige le plus grand soin et soulève de grandes difficultés.

§ 2. — *Des* FRAIS *et* DOMMAGES-INTÉRÊTS, *autres que les intérêts proprement dits.*

I. Quant aux frais, autres que ceux dont parle l'art. 2101, voy. 2148-4° : add. 2123, 2134 comb., l. 21 mai 1858, art. 766 §§ 1 et dern.

II. Quant aux dommages-intérêts encourus pour inexécution de l'obligation principale, il faut distinguer.

TROISIÈME PARTIE.

DES EFFETS DE L'AFFECTATION HYPOTHÉCAIRE OU PRIVILÉGIÉE LORSQUE LE DÉBITEUR A ALIÉNÉ L'OBJET AFFECTÉ, OU DU *droit de suite* COMME MOYEN DU *droit de préférence.*

I. Ce qui donne naissance au *droit de suite.*

II. Qui peut l'invoquer : 2114, 2166, 2182 § 2. *Quid* des créanciers séparatistes? 2111, 2113, 878, 2095, 2166 comb. — *Quid* des créanciers privilégiés sur les meubles? 2119; voy. cep. 2102-1° Cod. civ., 819 Proc.

III. Le *droit de suite*, sur les immeubles, n'est qu'un moyen d'*arriver* au *droit de préférence* après *aliénation volontaire* de la chose grevée (arg. 2166 *in fin.*).

IV. Division de la matière.

SECTION Ire. — DU *droit de suite* CONSIDÉRÉ EN LUI-MÊME.

Théorie générale du sujet : De l'*action hypothécaire réelle* . de la *purge* des *priviléges et hypothèques*.

§ 1er. — De l'action hypothécaire réelle contre les tiers détenteurs.

N° 1. — *Condition de publicité requise pour l'exercice de l'action hypothécaire.*

I. Règles antérieures à la loi du 23 mars 1855, d'après l'art. 2166 du Code civil, modifié par l'art. 834 du Code de procédure.

II. Règle posée par l'art. 6 §§ 1 et 3 de la loi du 23 mars 1855 : add. art. 8 de la même loi ; voy. cep. § 2 de l'art. 6, comb. avec les art. 2103, 2108 et 2109 Cod. civ.

N° 2. — *Formes, but et résultats possibles de l'action hypothécaire.*

I. Formes pour exercer l'action : arg. 2169.

II. But final et résultat alternatif de l'action : 2167, 2168 § 1 ; voy. cep. 2151 ; arg. 2170 *in pr.*, 2172, 2168 *in fin.*, 2172 *in med.*, 2173 § 1.

III. Observations spéciales sur chacune des branches de l'alternative ouverte par l'action hypothécaire.

1° Le tiers détenteur opte pour le *paiement des charges* : voy. 2167, 2168 ; add. 1251-2°.

2° Le tiers opte pour le *délaissement* ; — nature de cette opération ; — sa forme ; — ses suites, etc. : 2173, 2174.

3° Le tiers ne prend aucun de ces deux partis : 2169 Cod. civ., 674 Pr.

IV. Exercice de l'action hypothécaire sur les fruits de l'immeuble : 2176.

V. Incidents principaux qui peuvent survenir dans la marche de l'action hypothécaire.

1° Exceptions à opposer au créancier demandeur.

De l'exception de *discussion* : 2170 et suiv. comb. avec 2022 et suiv.

De l'exception de *garantie*.

Quid de l'exception *cedendarum actionum*? Voy. 2037 et 1251 comb.

2° Règlement des indemnités respectivement dues pour détériorations ou améliorations faites à l'immeuble par le tiers détenteur : 2175.

VI. Suites ultérieures de l'action hypothécaire selon le parti qu'aura pris le tiers détenteur : 2177, 2178.

VII. Quels sont les droits du créancier hypothécaire lorsque le débiteur, au lieu d'avoir *aliéné* l'immeuble affecté, s'est borné à le grever de servitudes, etc.?

VIII. Droits contre le tiers acquéreur qui est aussi *personnellement* obligé à la dette : 1134, voy. 2170, 2172 et 2173.

§ 2. — Purge des hypothèques.

I. Notion spéciale de cet expédient hypothécaire : 2167, 2179, 2183 *in fin*.

II. Aperçu historique.

III. Quel acquéreur peut purger.

IV. Deux modes de purge.

Art. 1er. — Purge de DROIT COMMUN ou des priviléges
et hypothèques INSCRITS.

Cette opération juridique comprend trois phases bien distinctes.

N° 1. — *Mise en demeure des créanciers d'opter entre l'exercice de l'action hypothécaire ou l'acceptation des offres de l'acquéreur.*

I. L'acquéreur doit, dans ce but, faire connaître les *conditions* de son *acquisition*.

1º Transcription : 2181, l. 23 mars 1855.

2º Notification personnelle aux créanciers : 2183, 2169 Cod. civ., 832 et 838 Proc.

II. L'acquéreur fait connaître ses intentions aux créanciers : 2184 comb. avec 1186 et 1187.

Nº 2. — *Délibération de chaque créancier.*

1º Objet de la délibération.

2º Délai d'option : 2185 *in pr*. : liberté du tiers détenteur, pour rétracter son choix, tant que le délai n'est pas expiré.

3º Motif déterminant du parti à prendre par chaque créancier.

Nº 3. — *Suites des divers partis que peuvent avoir pris les créanciers.*

I. Si le prix de l'aliénation ou l'évaluation faite par le tiers détenteur paraissent trop peu élevés, les créanciers peuvent requérir la revente de l'immeuble aux enchères : c'est ce qu'on nomme la *surenchère* sur *aliénation volontaire* : Détails pratiques à ce sujet : *qui peut surenchérir ; formes et suites* de la surenchère. Voy. 2185, 2187 à 2192 Cod. civ., 832 et suiv. Proc.

II. Si le prix offert ou l'évaluation donnée par l'acquéreur convient aux créanciers, voy. 2186 Cod. civ., 777 et 778 Pr. (l. 21 mai 1858).

Art. 2. — *Purge* SPÉCIALE *des hypothèques* NON INSCRITES *des femmes mariées et des mineurs ou interdits.*

I. Comment l'acquéreur doit faire connaître les conditions de son acquisition et ses intentions vis-à-vis des créanciers hypothécaires : art. 2194 : avis du C. d'Et. du 1er juin 1807 : arg. 406 et 421 Cod. civ.

II. Délibération des créanciers ou de leurs représentants : arg. 2185, arg. 2194.

III. Suites de la délibération des créanciers.

1° Si le prix ou l'évaluation offerts ne paraissent pas suffisants, il y a lieu à *surenchère*; mais, avant tout, il faut *s'inscrire* : règles pratiques sur ces deux points : 2194, 2195.

2° Si le prix ou l'évaluation sont acceptés, voy. 2186.

Question commune aux deux systèmes de purge.

A la charge de qui sont les frais de purge?

APPENDICE A LA SECTION 1re.

Du droit de suite et de la purge en matière de ventes publiques.

I. Cas d'adjudication sur expropriation forcée : voy. les art. 750 § 1, 717 § ult., 692, 696 Cod. proc., modif. par la loi du 21 mai 1858.

II. Cas d'adjudication sur vente judiciaire autre que par expropriation forcée. Voy. 838 § ult., l. 21 mai 1858.

III. Cas d'expropriation pour cause d'utilité publique. Voy. l. 3 mai 1841, art. 17.

SECTION II. — DU *droit de préférence* EXERCÉ COMME CONSÉQUENCE DU DROIT DE SUITE PAR LES CRÉANCIERS SOIT DU DERNIER PROPRIÉTAIRE, SOIT DES PROPRIÉTAIRES ANTÉRIEURS.

La distribution du prix ou de la valeur de l'immeuble aliéné a lieu, suivant la procédure d'ordre, d'après les règles précédemment indiquées, sauf quelques modifications.

I. Sur la formation de la masse : add. 2176.

II. Classement des créanciers — d'abord les *privilégiés*, puis les *hypothécaires* (2095).

1° Sur les privilégiés : — l'art. 2095 *in fin.* ne doit être entendu qu'avec précaution ; — l'art. 2097 ne doit pas non plus être toujours pris à la lettre ; — le délai de l'art. 2109 et l'absence d'un délai prescrit par l'art. 2108, ne laissent pas aux créanciers, en cas d'aliénation et de transcription, toute la latitude qu'ils accordent sans cela : voy. l. 23 mars 1855, art. 6. — L'action résolutoire du vendeur est liée au privilége : même loi, art. 7.

2° Sur les hypothèques, comb. 2154 et 2155. Voy. 2195 §§ 2 et 3 Cod. civ. 777, proc., l. 21 mai 1858.

3° Quant aux accessoires des créances, voy. 2151 *suprà.*

SECTION III. — DES RAPPORTS RESPECTIFS DU DROIT DE SUITE ET DU DROIT DE PRÉFÉRENCE, SOIT APRÈS SAISIE IMMOBILIÈRE, SOIT APRÈS ALIÉNATION VOLONTAIRE.

I. Théorie du sujet.

II. Les art. 2186 et 2198 Cod. civ., 717 § ult. Proc. (l. 21 mai 1858) et 17 de la loi du 3 mai 1841, admettent la possibilité de la *survie du droit de préférence,* malgré la *perte du droit de suite.*

III. Mais lorsqu'on a perdu ce *droit de suite* faute de s'être inscrit en temps utile (l. 23 mars 1855, art. 6 et art. 2194 et 2195 § 1 Cod. civ.), les conséquences de cette omission sont diverses selon qu'il s'agit de priviléges et hypothèques, soumis, par leur nature, à l'inscription (l. 23 mars 1855, art. 6), ou des hypothèques légales des femmes mariées, mineurs ou interdits, à l'occasion desquelles la loi du 21 mai 1858, fait diverses précisions (772 et 838 § 2 Proc.).

APPENDICE AU CHAP. II ET III.

De la transmission des droits hypothécaires ou privilégiés.

Aperçu général et division du sujet.

§ 1er. — *Cession consentie par le créancier hypothécaire ou privilégié.*

Cette cession peut avoir pour objet soit la *créance* elle-même, soit le *privilége ou l'hypothèque,* sans céder la créance (arg. art. 9, l. du 23 mars 1855).

Art. 1er. — *Cession de la créance hypothécaire ou privilégiée.*

I. Conditions de validité de la cession.

II. Effets de la cession entre les parties et les autres créanciers du débiteur : 1692 et 2112 : il y a bien des précisions à faire.

Art. 2. — *Cession ou transmission de la préférence hypothécaire
ou privilégiée et du rang d'antériorité.*

Aperçus généraux et division.

Nº 1. — *Règles communes à ces sortes d'actes, quel que soit le
créancier dont ils émanent.*

I. Variétés de conventions par lesquelles a lieu d'ordinaire
cette transmission de préférence hypothécaire (arg. art. 9,
l. 25 mars 1855).

II. Effets généraux de ces divers actes de transmission de
la préférence hypothécaire; — conflits qui peuvent en résulter.

Nº 2. — *Règles spéciales aux actes de cession, renonciation ou
subrogation concernant l'hypothèque légale de la femme
mariée.*

Explication spéciale de l'art. 9 de la loi du 23 mars 1855.

§ 2. — · *De la subrogation proprement dite aux droits du
créancier hypothécaire ou privilégié.*

Complément des notions données, en seconde année, sur
cette matière, par l'examen de diverses questions de conflits
hypothécaires qui n'ont pas dû être alors examinées.

CHAPITRE IV.

De l'extinction des priviléges et hypothèques.

Aperçu général et division du chapitre.

§ 1ᵉʳ. — *Extinction des droits hypothécaires ou privilégiés
par l'extinction de la créance.*

I. Voy. 2180-1º; mais comp. le 4º 1ᵉʳ alin. de cet article
avec la loi *Cùm notissimi*, 7, Cod. de *Præsc. XXX vel XL
ann.*; voy. aussi 1278 et suiv., 1299.

II. Qu'arrive-t-il si la cause d'extinction de la créance

n'était qu'éventuelle ou soumise à une condition ? — *Quid* de l'extinction par dation en paiement suivie d'éviction ?

§ 2. — *Extinction de la sûreté hypothécaire ou privilégiée, indépendamment de l'extinction de la créance.*

N° 1. — *Extinction générale du droit hypothécaire.*

I. Lorsque le droit du débiteur sur la chose affectée vient à cesser ou à changer, voy. 2125, 2133 : observations spéciales sur le cas de réunion d'un usufruit à la propriété, quand l'un ou l'autre se trouvait grevé d'hypothèques avant la réunion.

II. Lorsque la chose affectée vient à périr, ou que son état vient tellement à changer qu'elle est comme n'existant plus. — En cas d'incendie, quels droits ont les créanciers sur l'indemnité payée par une Compagnie d'assurance ? Arg. 775 Proc. L. 21 mai 1858 ; voy. cep. art. 10, l. 28 mai 1858.

Des simples transformations de la chose, soit matérielles, soit par immobilisation par destination de divers objets mobiliers affectés de priviléges.

III. Renonciation du créancier : 2180 2°. — Détails à ce sujet.

N° 2, — *Causes d'extinction spéciales des droits hypothécaires contre les tiers acquéreurs d'un immeuble hypothéqué.*

I. Renonciation du créancier.

II. Prescription acquise au tiers détenteur : 2180 4°, 2e alin., comb. avec 2265, 2266 et 2262 : Détails spéciaux sur les *interruptions* de prescription en cette matière : 2243 et suiv. ; 2167, 2169, 2180 *in fin.*, 2183, etc. ; — Des *suspensions* de la prescription : 2252 et suiv. ; *quid* du cas où la créance hypothécaire est *conditionnelle ?*

III. Purge volontaire (2181 et suiv., 2193 et suiv.) ou virtuelle (L. 21 mai 1858, art. 717, 772. — L. 3 mai 1841, art. 17), des priviléges et hypothèques.

IV. Cas spécial de l'art. 2198.

§ 3. — *De l'effet de l'extinction totale ou partielle du droit hypothécaire sur l'*INSCRIPTION.

L'inscription *peut* et *doit* être *radiée* ou *réduite*.

I. Comment s'opère la radiation ou la réduction.

II. Pièces à produire : 2157, 2158 Cod. civ., 548 et 147 Proc.

III. Jugement des contestations à ce sujet : 2159.

IV. Effets de la radiation valablement opérée.

§ 4. — *De la péremption des inscriptions hypothécaires.*

Explication spéciale de l'art. 2154, dont la disposition est d'une grande utilité pratique et qui soulève de nombreuses difficultés. — Du *renouvellement* des inscriptions ; ses formes, ses effets ; — jusques à quelle époque est-on tenu de renouveler ? Add. avis du C. d'Et. des 15 décembre 1807, 22 janv. 1808 comb. avec l'art. 8 de la loi du 23 mars 1855 ; — Des *inscriptions* prises après la *péremption* encourue.

APPENDICE AU TITRE XVIII.

§ 1. — *Des droits de priviléges et d'hypothèques du trésor public.*

Aperçu général des droits hypothécaires ou privilégiés du trésor public pour la perception des droits de mutation par décès (L. 22 frimaire an VII, art. 32), — contre les comptables publics (L. 5 septembre 1807), — pour le recouvrement des frais de justice criminelle (autre loi du 5 septembre 1807, 121 Cod. inst. crim.), — pour le recouvrement de l'impôt (Lois du 12 novembre 1818, etc.).

§ 2. — *Du crédit foncier de France.*

Notions abrégées sur cette institution publique de crédit et sur les modifications introduites, en sa faveur, au droit commun hypothécaire.

FIN DU COURS DU CODE NAPOLÉON.

Typog. de Bonnal et Gibrac, rue Saint-Rome, 44.

www.ingramcontent.com/pod-product-compliance
Lightning Source LLC
LaVergne TN
LVHW021850170726
843503LV00003B/1145